第五編 阿爾泰語系諸語言

청량국사 화엄경소초 57

십지품 ④

청량징관 찬술 · 관허수진 현토역주

운주사

서언

천이백 년 침묵의 역사를 깨고

오늘도 나는 여전히 거제만을 바라본다.
겹겹이 조종하는 산들
산자락 사이 실가닥 저잣길을 지나 낙동강의 시린 눈빛
그 너머 미동도 없는 평온의 물결 저 거제만을 바라본다.
십오 년 전 그날 아침을 그리며 말이다.
나는 2006년 1월 10일 은해사 운부암을 다녀왔다.
그리고 그날 밤 열한 시 대적광전에서 평소에 꿈꾸어 왔던『청량국사 화엄경소초』완역의 무장무애를 지심으로 발원하고 번역에 착수하였다.
나의 가냘픈 지혜와 미약한 지견으로 부처님의 비단과도 같은 화장 세계에 청량국사의 화려하게 수놓은 소초의 꽃을 피워내는 긴 여정을 시작한 것이다.
화엄은 바다였고 수미산이었다.
그 바다에는 부처님의 용이 살고 있었고
그 산에는 부처님의 코끼리가 노닐고 있었다.
예쁘게 단장한 청량국사 소초의 꽃잎에는 부처님의 생명이 태동하고 있었고,
겁외의 연꽃 밭에는 영원히 지지 않는 일승의 꽃이 향기를 뿜어내고

있었다.
그 바다 그 산 그리고 그 꽃밭에서 10년 7개월(구체적으로는 2006년 1월 10일부터 2016년 8월 1일까지) 동안 자유롭게 노닐었다.
때로는 산 넘고 강 건너 협곡을 지나고
때로는 은하수 별빛 따라 오작교도 다니었다.
삼경 오경의 그 영롱한 밤
숨쉬기조차 미안한 고요의 숭고함
그 시공은 영원한 나의 역경의 놀이터였다.

애시당초 이 작업은 세계 인문학의 자존심
내가 살아 숨쉬는 이 나라 대한민국 그리고 불교의 자존심에 기인한 것이다.
일찍이 그 누가 이 청량국사의 『화엄경소초』를 완역하였다면 나는 이 작업을 하지 않았을 것이다.
지금도 여전히 완역자는 없다.
더욱이 이 『청량국사화엄경소초』의 유일한 안내자 인악스님의 『잡화기』와 연담스님이 『유망기』도 그 누가 번역한 사실이 없다.
그러나 내 손안에 있는 두 분의 『사기』는 모두 다 번역하여 주석으로 정리하였다.

이 청량국사 화엄경의 소는 초를 판독하지 않으면 알 수가 없다.
그래서 그 이름을 구체적으로 대방광불화엄경수소연의초大方廣佛華嚴經隨疏演義鈔라 한 것이다.

즉 대방광불화엄경의 소문을 따라 그 뜻을 강연한 초안의 글이라는 것이다.

청량국사는 『화엄경』의 소문을 4년(혹은 5년) 쓰시되 2년차부터는 소문과 초문을 함께 써서 완성하시고 5년차부터 8년 동안 초문을 쓰셨다.

따라서 그 소문의 양은 초문에 비하면 겨우 삼분의 일에 지나지 않는다 할 것이다.

나는 1976년 해인사 강원에서 처음 『청량국사화엄경소초 현담』 여덟 권을 독파하였고,

1981년부터 3년간 금산사 화엄학림에서 『청량국사화엄경소초』를 독파하였다.

그때 이미 현토와 역주까지 최초 번역의 도면을 완성하였고, 당시에 아쉽게 독파하지 못한 십정품에서 입법계품까지의 소초는 1984년 이후 수선 안거시절 해제 때마다 독파하여 모두 정리하였다.

그러나 번역의 기연이 맞지 않아 미루다가 해인사 강주시절 잠시 번역에 착수하였으나 역시 기연이 맞지 않아 미루었다.

그리고 드디어 2006년 1월 10일 번역에 착수하여 2016년 8월 1일 십만 매 원고로 완역 탈고하고, 2020년 봄날 시공을 초월한 사상 초유 『청량국사화엄경소초』가 1,200년 침묵의 역사를 깨고 이 세상에 처음 눈을 뜨게 된 것이다.

번역의 순서는 먼저 입법계품의 소초, 다음에는 세주묘엄품 소초에서 이세간품 소초까지, 마지막으로 소초 현담을 번역하였다.
번역의 형식은 직역으로 한 글자도 빠뜨리지 않고 번역하였다. 따라서 어색하게 느껴지는 곳도 있을 것이다.
예를 들면 소所 자를 "바"라 하고, 지之 자를 지시대명사로 "이것, 저것"이라 하고, 이而 자를 "그러나"로 번역한 등이 그렇다.
판본은 징광사로부터 태동한 영각사본을 뿌리로 하였고, 대만에서 나온 본과 인악스님의 『잡화기』와 연담스님의 『유망기』와 또 다른 사기 『잡화부』(잡화부는 검자권부터 광자권까지 8권만 있다)를 대조하여 번역하였다.

앞에서 이미 말한 것처럼, 그 누가 청량국사의 『화엄경소초』를 완역한 적이 있었다면 나는 이 번역에 착수하지 않았을 것이다. 지금까지 이 황금보옥黃金寶玉의 『청량국사화엄경소초』가 번역되지 아니한 것은 나에게 주어진 시대적 사명이고 역사적 명령이라 생각한다.
나는 이 『청량국사화엄경소초』의 완역으로 불佛의 은혜를 깊고 청량국사와 은사이신 문성노사 그리고 나를 낳아준 부모의 은혜를 일분 갚는다 여길 것이다.

끝으로 이 『청량국사화엄경소초』가 1,200년의 시간을 지나 이 세상에 눈뜨기까지 나와 인연한 모든 사람들 그리고 영산거사 가족과 김시열 거사님께 원력의 보살이라 찬언讚言하며, 나의 미약한 번역으로 선지자의 안목을 의심케 할까 염려한다.
마지막 희망이 있다면 이 『청량국사화엄경소초』의 완역 출판으로 청량국사에 대한 더욱 깊고 넓은 연구와 『화엄경』에 대한 더욱 다양한 연구가 이루어지기를 바라는 것뿐이다.
장세토록 구안자의 자비와 질책을 기다리며 고개 들어 다시 저 멀리 거제만을 바라본다.
여전히 변함없는 저 거제만을.
2016년 8월 1일 절필시에 게송을 그리며

長廣大說無一字 장광대설무일자
無碍眞理亦無義 무애진리역무의
能所兩詮雙忘時 능소양전쌍망시
劫外一經常放光 겁외일경상방광

화엄경의 장대한 광장설에는 한 글자도 없고
화엄경의 걸림없는 진리에는 또한 한 뜻도 없다.
능전의 문자와 소전의 뜻을 함께 잊은 때에
시공을 초월한 경전 하나 영원히 광명을 놓누나.

불기 2569년 음력 1월 10일 최초 완역장
승학산 해인정사 관허 수진

● **화엄경소초현담**華嚴經疏鈔玄談(1~8)

● **화엄경소초**華嚴經疏鈔

  1. 세주묘엄품世主妙嚴品
  2. 여래현상품如來現相品
  3. 보현삼매품普賢三昧品
  4. 세계성취품世界成就品
  5. 화장세계품華藏世界品
  6. 비로자나품毘盧遮那品
  7. 여래명호품如來名號品
  8. 사성제품四聖諦品
  9. 광명각품光明覺品
 10. 보살문명품菩薩問明品
 11. 정행품淨行品
 12. 현수품賢首品
 13. 승수미산정품昇須彌山頂品
 14. 수미정상게찬품須彌頂上偈讚品
 15. 십주품十住品
 16. 범행품梵行品
 17. 초발심공덕품初發心功德品
 18. 명법품明法品

• 청량국사화엄경소초 •

19. 승야마천궁품昇夜摩天宮品

20. 야마천궁게찬품夜摩天宮偈讚品

21. 십행품十行品

22. 십무진장품十無盡藏品

23. 승도솔천궁품昇兜率天宮品

24. 도솔천궁게찬품兜率天宮偈讚品

25. 십회향품十廻向品

26. 십지품十地品

27. 십정품十定品

28. 십통품十通品

29. 십인품十忍品

30. 아승지품阿僧祇品

31. 여래수량품如來壽量品

32. 보살주처품菩薩住處品

33. 불부사의법품佛不思議法品

34. 여래십신상해품如來十身相海品

35. 여래수호광명공덕품如來隨好光明功德品

36. 보현행품普賢行品

37. 여래출현품如來出現品

38. 이세간품離世間品

39. 입법계품入法界品

영인본 9책 出字卷

대방광불화엄경수소연의초 제삼십사권의 사권
大方廣佛華嚴經隨疏演義鈔 第三十四卷之四卷

우진국 삼장사문 실차난타 번역
청량산 대화엄사 사문 징관 찬술
대한민국 조계종 사문 수진 현토역주

經

如來大仙道는　微妙難可知니
非念離諸念하며　求見不可得이니다

無生亦無滅하야　性淨恒寂然하나니
離垢聰慧人의　彼智所行處니다

여래 큰 신선의 도는
미묘하여 가히 알기 어렵나니
생각할 바가 아니어서 모든 생각을 떠났으며
보기를 구하여도 가히 얻을 수 없습니다.

생기한 적도 없고 또한 사라진 적도 없어서
자성이 청정하여 항상 고요하나니
번뇌를 떠나 총명하고 지혜로운 사람의
저 지혜로 행할 바 처소입니다.[1]

疏

第二는 正顯偈詞라 有十二偈를 大分爲二리니 前七은 顯義大요
後五는 明說大라 今初分四리니 初四偈는 總顯地智微妙요 二에

---

1 원문에 피지彼智라고 한 것은 즉 총명하고 지혜로운 사람이 능히 수행하여
  증득한 지혜이고, 소행처所行處라고 한 것은 즉 십지十地의 지혜이다.

有一偈는 類地行微요 三에 有一頌은 寄對彰微요 四에 有一頌은 喩顯地微라 今初分二리니 初二는 總顯地微요 後二는 別顯微相이라 今初는 正顯地智의 微妙之相이니 故論云호대 此偈는 依何義說고 依智地故라하니 依者據也라 云何知依智地고 上來에 本分請分이 皆依智地하며 後說分中에도 亦說智地하며 卽今此中에 第六偈 云호대 智起佛境界라하니 亦依智地니라 明知하라 此는 顯地智微妙요 非別明佛果니라

제 두 번째는 게송을 바로 나타낸 것이다.
열두 가지 게송이 있는 것을 크게 나누어 두 가지로 하리니
앞에 일곱 게송은 의대義大를 나타낸 것이요
뒤에 다섯 게송은 설대說大를 밝힌 것이다.
지금은 처음으로 네 가지로 나누리니
처음에 네 게송은 십지의 지혜가 미묘함을 한꺼번에 나타낸 것이요
두 번째 한 게송이 있는 것은 십지의 행이 미묘함을 비류하여 나타낸 것이요
세 번째 한 게송이 있는 것은 상대를 의지하여 미묘함을 나타낸 것이요
네 번째 한 게송이 있는 것은 비유로 십지가 미묘함을 나타낸 것이다.
지금은 처음으로 두 가지로 나누리니
처음에 두 게송은 십지가 미묘함을 한꺼번에 나타낸 것이요
뒤에 두 게송은 미묘한 모습을 따로 나타낸 것이다.

지금은 처음으로 십지의 지혜가 미묘한 모습을 바로 나타낸 것이니 그런 까닭으로 『십지론』에 말하기를[2] 이 게송은 무슨 뜻을 의지하여 말한 것인가.

지혜의 지위[3]를 의지한 까닭이다 하였으니

의지(依)한다고 한 것은 의거(據)한다는 뜻이다.

어떻게[4] 지혜의 지위를 의지하는 줄 아는가.

상래에 본분本分과 청분請分[5]이 다 지혜의 지위를 의지하며 뒤에 설분說分 가운데도 또한 지혜의 지위를 설하며, 곧 지금 이 가운데 제 여섯 번째 게송[6]에 말하기를[7] 지혜는 부처님의 경계로 일어난다

---

2 원문에 논운論云이라고 한 것은 十地論第二卷에 此偈는 依何義說고 依智地故라 云何知依智地고 上來所說이 皆依智地며 後復所說도 亦依智地며 第四偈言호대 智起佛境界故라하니라. 『십지론』 제이권에 이 게송은 무슨 뜻을 의지하여 말하는가. 지혜의 지위를 의지하는 까닭이다. 어떻게 지혜의 지위를 의지하는 줄 아는가. 상래에 설한 바가 다 지혜의 지위를 의지하며 뒤에 다시 설하는 바도 또한 지혜의 지위를 의지하며 제 네 번째 게송에 말하기를 지혜는 부처님의 경계로 일어나는 까닭이다 하였다.

3 원문에 지지智地란, 영인본 화엄 9책, p.301, 8행에 십지지지지十地之智地라 하였다. 즉 십지의 지혜의 지위라 하였다.

4 원문에 운하지云何知 아래도 역시 『십지론十地論』 文이다.

5 원문에 상래본분청분上來本分請分이라고 한 것은 論엔 다만 상래소설上來所說이라고만 하였다. 후설분중後說分中엔 후부소설後復所說이라 하였다.

6 원문에 제육게第六偈 운운은 영인본 화엄 9책, p.377이다.

7 원문에 즉금차중제육게운卽今此中第六偈云이라고 한 것은 『십지론十地論』엔 第四偈라고만 되어 있다. 그러나 살펴보니 『십지론』은 第五偈이고 금경수經은 第六偈이다. 진경晉經은 第四偈이다.

하였으니

또한 지혜의 지위를 의지한다는 것이다.

분명히 알아라. 이것은 십지의 지혜가 미묘함을 나타낸 것이요 불과佛果를 따로 밝힌 것은 아니다.

鈔

今初는 正顯地智의 微妙之相下는 疏文有三하니 初는 定所顯之法이라 以遠公意에 明初三偈半은 顯佛法微妙요 後有三偈는 擧彼佛法하야 顯地出言이라할새 故今揀之호대 明初三偈半도 亦是顯於地智微妙요 非說佛果라하니라 故論云下는 二에 引證也라 文中五니 一은 問이요 二에 依智地故는 論答이오 三에 依者據也는 疏釋이요 四에 云何知下는 論重徵이요 五에 上來下는 論自釋이라 然論但云호대 上來所說이 皆依智地며 後復所說도 亦依智地며 第六偈言호대 智起佛境界故라하니 釋曰論無本分과 請分等言거늘 今疏義加耳니라 此論에 引三節文하니 謂一은 上來요 二者는 後說이요 三은 卽今偈라 本分은 卽前에 標擧地之體相이 是요 請分은 謂解脫月과 大衆과 如來가 皆請說十地니 解脫月請經云호대 何故說地名하고 而不爲解釋고 諸地妙義趣를 是衆皆欲聞이라하며 大衆請經云호대 辯才分別義하야 說此最勝地라하며 如來請經云호대 諸地廣智勝妙行을 以佛威神分別說이라하니 如是等文이 皆是十地之智地耳요 非佛果也니라 後說分等者는 卽論에 後復所說이라하니 意云酬請이 旣說十地法門이니 明知하라 許說分齊도 亦說十地之深義耳니라 卽今此中等者는 此經

第六偈요 卽論經第四니 指語全同하니라 意云호대 智從佛境界起니 所起之智가 卽是十地니라 故下釋云호대 智者是地智요 起者以何觀하고 以何同行하야 能起此智고하니라 此下는 釋佛境界言이니 此前論云호대 此偈는 示現思慧와 及報生識智니 是則可說이어니와 此智는 非彼境界니 以不同故니라 偈言호대 智起佛境界故라하니 意云호대 此智地는 唯佛窮盡일새 故辯所知인댄 亦只智地니라 又境界卽如니 如爲佛境이어니와 今此智地는 由於加行으로 觀佛境起하나니 明皆說十地智耳니라 不爾인댄 豈有請說에 皆明十地어늘 今乃示果之分齊耶아

지금은 처음으로 십지의 지혜가 미묘한 모습을 바로 나타낸다고 한 아래는 소문이 세 가지가 있나니
처음에는 현시할 바[8] 법을 결정한 것이다.
혜원법사의 뜻에 분명 처음에 세 게송 반은 불법이 미묘함을 나타낸 것이요
뒤에 세 게송이 있는 것은 저 불법을 들어 십지가 말을 벗어난 것을 나타낸 것이다 하였기에 그런 까닭으로 지금에 그것을 가리되 분명 처음에 세 게송 반도 또한 십지의 지혜가 미묘함을 나타낸 것이요
불과를 따로 설한 것은 아니다[9] 하였다.

---

8 원문 初는 정소현지법定所顯之法이라고 한 아래 다른 본에는 二에 어중론경하於中論經下는 약회론경略會論經이요 三에 언미묘자하言微妙者下는 첩문해석牒文解釋이라 금초今初라는 말이 있기도 하다.

그런 까닭으로 『십지론』에 말하기를 이 게송이라고 한 아래는 두 번째 『십지론』을 인용하여 증거한 것이다.

소문 가운데 다섯 가지가 있나니

첫 번째는 묻는 것이요

두 번째 지혜의 지위를 의지한 까닭이라고 한 것은 『십지론』에서 답한 것이요

세 번째 의지한다고 한 것은 의거한다는 뜻이라고 한 것은 소가가 해석한 것이요

네 번째 어떻게 아는가라고 한 아래는 『십지론』에서 거듭 물은 것이요

다섯 번째 상래라고 한 아래는 『십지론』에서 스스로 해석한 것이다. 그러나 『십지론』에는 다만 말하기를 상래에 설한 바가 다 지혜의 지위를 의지하며 뒤에 다시 설할 바도 또한 지혜의 지위를 의지하며, 제 여섯 번째 게송[10]에 말하기를 지혜는 부처님의 경계로 일어나는 까닭이다 하였으니

해석하여 말하면 『십지론』에는 본분과 청분 등의 말이 없거늘 지금에 소가가 뜻으로 더한 것이다.

이 『십지론』에 삼절의 문장을 이끌었으니

말하자면 첫 번째는 상래의 문장이요,

---

9 원문 불과佛果라고 한 아래 다른 본에는 어중삼於中三이니 初는 총표시지지總標 是地智요 二는 인증引證이요 三은 결탄結彈이라는 말이 있기도 하다.

10 원문에 제육게第六偈라고 한 것은 『십지론十地論』엔 第四偈라 하였으니, 第四偈는 第五偈라고 앞에서 말하였다.

두 번째는 뒤의 설분이요,

세 번째는 곧 지금의 게송이다.

본분이라고 한 것은 곧 앞에 십지의 자체와 모습을 표하여 거론한 것이 이것이요

청분이라고 한 것은 말하자면 해탈월과 대중과 여래가 다 십지를 설하기를 청한 것이니

해탈월보살이 청한 경[11]에 말하기를 무슨 까닭으로 십지의 이름을 설하기만 하고 해석하지 않습니까.

모든 지위의 묘한 뜻을 여기 대중들이 다 듣고자 합니다 하였으며

대중이 청한 경[12]에 말하기를 변재로 뜻을 분별하여 이 최승한 지위를 설할 것입니다 하였으며

여래가 청한 경에 말하기를 모든 지위의 광대한 지혜와 수승하고 묘한 행을 부처님의 위신력으로 분별하여 설할 것입니다 하였으니

이와 같은 등의 경문이 다 이 십지의 지혜의 지위요 불과는 아니다.

뒤에 설분이라고 한 등은 곧 『십지론』에 뒤에 다시 설할 바라 하였으니

그 뜻에 말하기를 답하고 청하는 것이 이미 십지의 법문을 설한 것이니

분명히 알아라. 설함을 허락하는 분제도 또한 십지의 깊은 뜻을 설하는 것이다.

---

11 해탈월보살이 청한 경이란, 영인본 화엄 9책, p.152, 8행과 p.153, 1행이다.
12 대중이 청한 경이란, 영인본 화엄 9책, p.230이다.

곧 지금 이 가운데라고 한 등은 이 경의 제 여섯 번째 게송이요, 곧 『십지론경』은 제 네 번째 게송[13]이니 말이 온전히 같음을 가리킨[14] 것이다.

그 뜻에 말하기를 지혜는 부처님의 경계로 좇아 일어나는 것이니 일어난 바 지혜가 곧 십지인 것이다.

그런 까닭으로 아래[15] 해석하여 말하기를 지혜(智)라고 한 것은 십지의 지혜요

일어난다(起)고 한 것은 무엇을 관찰하고 무엇을 함께 행하여 능히 이 지혜를 일으키는가 하였다.

이 아래[16]는 부처님의 경계라고 한 말을 해석한 것이니

이 앞[17]의 『십지론』에 말하기를 이 게송은 사혜思慧와 보생식지報生識智를 시현한 것이니, 이것은 곧 가히 설할 수 있거니와 이 지혜는 저[18]의 경계가 아니니 저와는 같지 않은 까닭이다.

---

13 원문에 제사第四라고 한 것은 제사게第四偈를 말하는 것이니, 살펴보니 『십지경十地經』은 第五偈이다.
14 원문에 지어전동指語全同이라고 한 것은 『십지경十地經』과 금경今經의 말이 온전히 같다는 것이다.
15 원문에 하석下釋이라 한 下는 『十地論』 此下란 말이다. 此는 전게송全偈頌을 총석總釋하고, 此下는 별석別釋하였다.
16 원문에 此下란, 次下 疏文을 말하는 것이 아니라 초가鈔家가 위에서 이미 智起 두 글자(二字)를 해석한 까닭으로 次下에 장차 佛境界라는 말을 해석하고자 한다는 此下이다.
17 원문에 차전次前이란, 차라리 此前이라 할 것이니 지자智者는 시지지是地智라고 한 앞에 있는 말이다.

게송에 말하기를 지혜는 부처님의 경계로 일어나는 까닭이다 하였으니,

그 뜻에 말하기를 이 지혜의 지위는 오직 부처님이라야 다하기에 그런 까닭으로 알아야 할 바 경계를 분별한다면 또한 다만 지혜의 지위뿐인 것이다.

또 경계는 곧 진여이니[19] 진여가 부처님의 경계가 되거니와 지금에 이 지혜의 지위는 가행加行으로 부처님의 경계를 관찰함을 인유하여 일어나나니 분명히 다 십지의 지혜를 말한 것이다.

그렇지 않다고[20] 한다면 어찌 청분과 설분에 다 십지를 밝혔거늘 지금에 이에 불과의 분제[21]를 현시함이 있겠는가.

疏

於中論經은 但有六句하니 初二句는 卽此初偈니 彼云호대 微難知聖道니 非分別離念이라하니라 言微妙者는 二偈總相이니 卽前地

---

18 원문에 피彼라고 한 것은 사혜思慧와 보생식지報生識智이다.
19 원문에 우경계즉여又境界卽如 운운한 아래는 『십지론十地論』의 뜻이니, 부처님의 경계가 곧 진여이니 진여眞如는 능기能起가 되고 지혜는 소기所起가 되는 것이다. 『잡화기雜華記』엔 우경계又境界下는 이 위에는 십지十地의 지혜로 불소지佛所知의 경계를 삼고, 지금에는 진여로써 불능기佛能起의 경계를 삼는다 하였다. 나머지는 此下 四十丈 上에 있다.
20 원문에 불이不爾下는 結破遠公이다. 즉 원공의 뜻을 맺어 깨뜨리는 것이다.
21 원문에 과분제果分齊라고 한 것은 卽如來大仙道니 佛境界也라. 즉 여래의 큰 신선의 도이니 부처님의 경계이다.

智가 超言念故니라 餘皆是別이니 別中初句는 是微體요 餘皆是微所以라 於中難可知는 總顯所以요 下六句는 別顯所以라 論云호대 云何微고 偈言호대 難知聖道故라하니 此卽雙指니 謂聖道는 是體요 難知故는 微也라 故淨名云호대 微妙是菩提니 諸法難知故라하니라

그 가운데 『십지론경』은[22] 다만 여섯 구절만이 있나니
처음에 두 구절[23]은 곧 이것은 처음 게송이니
저 게송에 말하기를 성도는 미묘하여 알기 어렵나니
분별할 바가 아니어서 생각을 떠났다 하였다.
미묘하다고 말한 것[24]은 두 번째 게송의 총상이니 곧 앞에 십지의 지혜가 말과 생각을 초월한 까닭이다.
나머지는 다 이 별상이니
별상 가운데 처음 구절은 미묘한 자체요
나머지는 다 미묘한 까닭이다.
그 가운데 가히 알기 어렵다고 한 것은 그 까닭을 한꺼번에 나타낸 것이요
아래 여섯 구절은 그 까닭을 따로 나타낸 것이다.

---

22 원문에 어중론경於中論經이라고 한 아래는 『십지론경十地論經』을 회통한 것이다.
23 원문에 초이구初二句란, 微難知聖道니 非分別離念이다. 즉 성도는 미묘하여 알기 어렵나니 / 분별할 바가 아니어서 생각을 떠났다 한 것이다.
24 원문에 언미묘言微妙라고 한 것은 차경문此經文이다.

『십지론』에 말하기를 어떤 것이 미묘한 것인가. 게송에 말하기를
성도는 알기 어려운 까닭이다 하였으니
이것은 곧 두 가지를 함께 가리킨 것이니
말하자면 성도라고 한 것은 이 자체요
알기 어려움 까닭이라고 한 것은 미묘한 것이다.
그런 까닭으로 『정명경』에 말하기를 미묘한 것은 이 보리이니 모든 법에 알기 어려운[25] 까닭이다 하였다.

鈔

此卽雙指下는 疏釋論이니 言聖道是體요 難知故微者는 聖之一字가 卽今經如來大仙이니 卽聖人之道일새 名爲聖道니라 以人取法은 意在於道니 道卽地智일새 故云是體라하니라 言難知故微者는 難知는 是微所以며 亦是微相이니 該於說證일새 故下開二義하니라 言故淨名云者는 卽菩薩品의 彌勒章中文也니라

이것은 곧[26] 두 가지를 함께 가리킨 것이라고 한 아래는 소가가 『십지론』을 해석한 것이니
성도라고 한 것은 이 자체요 알기 어려운 까닭이라고 한 것은 이

---

25 원문에 제법난지諸法難知라고 한 것은 보리는 저 모든 법 가운데 알기 어려운 것이고, 또 모든 법에 알기 어려운 것이 곧 보리라는 것이다. 즉 보리법은 모든 법 가운데 가장 알기 어려운 법이라는 것이다.
26 원문에 차즉此卽이라는 말 위에 다른 본에는 명지차현하明知此顯下는 第三에 결탄석의結彈昔義라는 말이 있기도 하다.

미묘한 것이라고 말한 것은 성聖이라고 한 한 글자가 곧 지금 경에 여래의 큰 신선이라고 한 것이니 곧 성인의 도이기에 이름을 성도라 하는 것이다.
사람으로써 법을 취한 것은 그 뜻이 도에 있는 것이니 도가 곧 십지의 지혜이기에 그런 까닭으로 이 자체라 말한 것이다.

알기 어려운 까닭이라고 한 것은 이 미묘한 것이라고 말한 것은 알기 어렵다고 한 것은 이것은 미묘한 까닭이며 역시 미묘한 모습이니, 설미說微와 증미證微를 갖추었기에 그런 까닭으로 아래 두 가지 뜻을 개연하였다.[27]
그런 까닭으로 『정명경』에 말하였다고 말한 것은 곧 『정명경』 보살품 미륵장 가운데 문장이다.

疏

云何難知오 此有二義하니 一은 說時難知니 口欲辯而辭喪故요 二는 證時難知니 心將緣而慮息故라 上大仙道는 是所證說이니 大仙是佛일새 故言微妙니라 道者是因이니 修行證智之因하야 得大仙果故니라

---

27 원문에 하개이의下開二義란, 두 줄 뒤 바로 다음 소문 영인본 화엄 9책, p.304, 2행에 설시난지說時難知 증시난지證時難知라 한 것이다. 『십지론十地論』에는 此微에 有二種하니 一은 說時甚微요 二는 證時甚微라 하였다.

어떤 것이 알기 어려운 것인가.
여기에 두 가지 뜻이 있나니
첫 번째는 설할 때를 알기 어려운 것이니
입으로 분별하고자 하지만 말을 잃은 까닭이요
두 번째는 증득한 때를 알기 어려운 것이니
마음으로 장차 반연하고자 하지만 생각이 사라진 까닭이다.
위에 큰 신선의 도라고 한 것은 이것은 소증과 소설이니
큰 신선이라고 한 것은 이것은 부처님이기에 그런 까닭으로 미묘하다고 말한 것이다.
도라고 한 것은 이것은 원인이니 증득한 지혜의 원인을 수행하여 큰 신선의 불과를 얻는 까닭이다.

鈔

云何難知下는 二에 開章別釋이라 口欲辯而辭喪者는 言語道斷故요 心將緣而慮息者는 心行處滅故니 前來頻釋하니라 問이라 旣云說時인댄 云何難知고 答이라 有心으로는 不能說故니라 故淨名云호대 其說法者는 無說無示라하니 則言而無言矣니라 上大仙道者는 牒經第一句하야 爲其地體니 卽論經에 聖道二字라 上엔 直就法體하야 以論微妙하고 今엔 以人顯法이니 以是佛因거니 何不微妙리요

어떤 것이 알기 어려운 것인가 한 아래는 두 번째 문장을 열어 따로 해석한 것이다.

입으로 분별하고자 하지만 말을 잃었다고 한 것은 언어의 길이 끊어진 까닭이요
마음으로 장차 반연하고자 하지만 생각이 사라졌다고 한 것은 마음이 갈 곳이 사라진 까닭이니
그 전에 오면서 자주 해석하였다.
묻겠다.
이미 설할 때라고 말하였다면 어떻게 알기 어렵다 하는가.
답하겠다.
유심有心으로는 능히 설할 수 없는 까닭이다.
그런 까닭으로 『정명경』에 말하기를 그 법을 설하는 사람은 설함도 없고 현시함도 없다 하였으니 곧 말하되 말한 적이 없다는 것이다.

위에 큰 신선의 도라고 한 것은 이 경에 첫 번째 구절을 첩석하여 그 십지의 자체를 삼은 것이니 곧 『십지론경』에 성도라는 두 글자이다.
위에서는 바로 법의 자체에 나아가 미묘함을 논하였고, 지금에는 사람으로써 법을 나타낸 것이니
이것이 부처님의 원인이거니 어찌 미묘하지 않겠는가.

疏

六句는 別顯微所以中에 初句는 卽說時難知니 言非念者는 非有念慮分別心者之境界故니라 何以非是念慮境耶아 以此地智는

自體無念故니 故云離諸念也라하니라 由上二義하야 如是聖道가 名爲甚微니라

여섯 구절은 미묘한 까닭을 따로 나타내는 가운데 처음 구절은 곧 설할 때를 알기 어려운 것이니
생각할 바가 아니라고 말한 것은 생각하여 분별할 마음이 있는 사람의 경계가 아닌 까닭이다.
어찌하여 생각할 경계가 아닌가.
이 십지의 지혜는 자체가 생각이 없는 까닭이니
그런 까닭으로 모든 생각을 떠났다 말하는 것이다.
이상에 두 가지 뜻[28]을 인유하여 이와 같이 성도가 매우 미묘하다 이름하는 것이다.

鈔

初句는 卽說時難知者는 次第로 釋上二章也니 非念離念은 語則非念은 似南宗義의 無念이요 離念은 似北宗義어니와 釋하면 乃非念은 同北宗이니 修得을 非念故요 離念은 同南宗이니 本性離故니라 若二宗相成인댄 由本無念하야 要須離念하야사 方知리라 今此云호대 何以非念者는 由本離念故요 言自體無念者는 以無緣故니라 然體無念이 復有二意하니 一은 性淨無念이니 以心體離念故니라 今亦非此義니 以此는 通一切凡小故니라 二는 契理無緣하야 都無所得이 名爲無念

---

[28] 원문에 이의二義라고 한 것은 비념非念과 이제념離諸念이다.

이니 卽今所用이라 若依此義인댄 亦異偏就南宗일새 故南北圓融하야사 方成離念이니라 由上二下는 結卽非念과 離念二義니라

처음 구절은 곧 설할 때를 알기 어렵다고 한 것은 차례로 위에 두 문장을 해석한 것이니

생각할 바가 아니어서 모든 생각을 떠났다고 한 것은 말인즉 생각할 바가 아니라고 한 것은 남종선의 뜻에[29] 생각할 것이 없다고 한 것과 흡사하고 생각을 떠났다고 한 것은 북종선의 뜻과 흡사하거니와, 해석한다면[30] 이에 생각할 바가 아니라고 한 것은 북종선과 같나니

닦아서 얻는 것을 생각하지 않는 까닭이요

생각을 떠났다고 한 것은 남종선과 같나니

본성을 떠난 까닭이다.

만약 두 종파가 서로 성립한다면[31] 본래 생각할 것이 없음을 인유하여 반드시 생각을 떠남[32]을 수구하여야 바야흐로 알 수 있을 것이다.

---

29 원문에 사남종似南宗 운운은 남종의南宗義"의" 무념無念"이요" 토吐이다.
30 원문에 석내釋乃라고 한 그 釋이란, 지금에 소가의 해석이다.
31 원문에 약이종상성若二宗相成 운운은 만약 남종의 생각할 것이 없다고 한 것을 인유하여 다시 생각을 떠난다면 곧 이것은 남종으로써 북종을 성립하고 북종으로써 남종을 성립하는 것이니, 두 종파가 서로 성립함을 얻는 것이다. 그러나 설로雪老는 유본무념由本無念下는 북종으로써 남종을 성립하는 것이고, 금차운하今此云何下는 남종으로써 북종을 성립하는 것이다 하니 『유망기遺忘記』主는 생각해 볼 것이다 하였다.
32 원문에 본무념本無念이라고 한 것은 남종南宗이고, 수리념須離念이라고 한

지금 여기에 말하기를 어찌하여 생각할 경계가 아닌가 한 것은
본래 생각을 떠난 것을 인유한 까닭이요
자체가 생각이 없다고 말한 것은 반연할 것이 없는 까닭이다.
그러나 자체가 생각이 없는 것이 다시 두 가지 뜻이 있나니
첫 번째는 자성이 청정하여 생각이 없는 것이니
마음의 자체가 생각을 떠난 까닭이다.
지금에는 또한 이 뜻이 아니니 이것은 일체 범부와 소승에 통하는 까닭이다.
두 번째는 진리에 계합하여 반연할 것이 없어서 도무지 얻을 바가 없는 것이 이름이 생각이 없는 것이 되나니
곧 지금에 쓰는 바이다.
만약 이 뜻을 의지한다면 또한 남종선에 치우쳐 나아가 말하는 것과는 다르기에 그런 까닭으로 남종과 북종을 원만하게 융합하여야 바야흐로 생각을 떠난다는 것을 이룰 것이다.

이상에 두 가지 뜻을 인유한다고 한 아래는 곧 생각할 바가 아니라고 한 것과 생각을 떠났다고 한 두 가지 뜻을 맺는 것이다.

疏

下之五句는 明證時甚微라 於中에 復有總別하니 初句는 爲總이니 求欲證見이라도 難證得故니라 以無見無得하야사 方能證故니라

것은 북종北宗이다.

아래 다섯 구절은 증득한 때가 매우 미묘함을 밝힌 것이다.
그 가운데 다시 총과 별이 있나니
처음 구절은 총이 되나니
증득한 때를 보고자 함을 구할지라도 증득한 때를 얻기 어려운 까닭이다.
볼 것도 없고 얻을 것도 없어야 바야흐로 능히 증득한 때를 보는 까닭이다.[33]

鈔

求欲證見者는 以論經但云호대 難得이라하고 今經云호대 求見不可得이라하니 得之與見이 俱約證說일새 故云求欲證見이라도 難證得故라하니라 次에 以無見無得下는 雙證二經이니 言無見者는 上經에 精進慧菩薩云호대 有見則爲垢니 此則未爲見거니와 遠離於諸見하야사 如是乃見佛이라하며 又善慧菩薩云호대 無見說爲見이요 無生說衆生이니 若見若衆生이 了知無體性이라하며 又功德慧菩薩云호대 無見卽是見이라 能見一切法거니와 於法若有見인댄 此則無所見이라하니라 無得者는 智慧菩薩云호대 有諍說生死요 無諍說涅槃이니 生死及涅槃을 二俱不可得이라하며 眞實慧菩薩云호대 佛法不可覺이라 了此名覺法이니 諸佛如是修일새 一法不可得이라하며 又云호대 一切法無住하야 定處不可得이니 諸佛住於此일새 究竟不動搖라하

---

33 원문에 무견무득無見無得하야사 방능증고方能證故라고 한 것은 『능엄경楞嚴經』엔 지견知見에 무견無見이면 사즉열반斯卽涅槃이라 하였다.

니라 般若宗中엔 無智亦無得이라 以無所得故로 菩薩心無罣礙하고 諸佛則得菩提라하며 淨名天女云호대 若有得有證인댄 於佛法中에 爲增上慢이라하니 故無見無得하야사 方能證得이니라 得與無得이 俱絶名言이니 非離有得하고 而證無得하야사 方爲眞無得也니 亡言亡言이라

증득한 때를 보고자 함을 구한다고 한 것은 『십지론경』에는 다만 말하기를 얻기 어렵다고만 하고 지금 경에는 말하기를 보기를 구하여도 가히 얻을 수 없다 하였으니
얻는다는 것과 더불어 본다는 것이 함께 증득한 때와 설할 때를 잡은 것이기에 그런 까닭으로 말하기를 증득한 때를 보고자 함을 구할지라도 증득[34]한 때를 얻기 어려운 까닭이다 하였다.

다음에 볼 것도 없고 얻을 것도 없다고 한 아래는 두 경전[35]을 함께 증거한 것이니
볼 것도 없다고 말한 것은[36] 위에 경에서 정진혜보살이 말하기를 볼 것이 있다고 한다면 곧 번뇌가 되나니
이것은 곧 볼 수 없거니와
모든 소견을 멀리 떠나야

---

34 원문에 可 자는 소문疏文엔 證 자이다.
35 원문에 이경二經이란, 금경今經과 논경論經이다.
36 원문에 언무견자言無見者라고 한 것은 금경今經의 上下를 널리 인용하여 볼 것도 없고 얻을 것도 없다는 말을 증거한 것이다.

이와 같이 이에 부처님을 본다 하였으며

또 선혜보살이 말하기를
볼 것이 없는 것을 본다 말하고
중생이 없는 것을 중생이라 말하나니
혹 보는 것과 혹 중생이
체성이 없는 줄 요달하여 안다 하였으며

또 공덕혜보살이 말하기를
볼 것이 없는 것이 곧 보는 것이라
능히 일체법을 보거니와
저 법에 만약 볼 것이 있다고 한다면
이것은 볼 바가 없을 것이다 하였다.

얻을 것도 없다고 한 것은 지혜보살이 말하기를
다툼이 있는 것을 중생이라 말하고
다툼이 없는 것을 열반이라 말하나니
생사와 그리고 열반을
둘 다 함께 가히 얻을 수 없다 하였으며

진실혜보살이 말하기를
불법은 가히 깨달을 수 없는 것이라
이것을 요달한다면 불법을 깨달은 것이다 이름하나니

모든 부처님이 이와 같이 수행하기에
한 법도 가히 얻을 수 없다 하였으며

또 말하기를 일체법은 주처가 없어서
일정한 곳을 가히 얻을 수 없나니
모든 부처님이 여기에 머물기에
구경에 동요하지 않는다 하였다.

반야종[37] 가운데는 지혜도 없고 얻을 것도 없는지라 얻을 바가 없는 까닭으로 보살이 마음에 걸림이 없고 모든 부처님이 곧 보리를 얻는다 하였으며
『정명경』[38]에 천녀가 말하기를 만약 얻을 것이 있고 증득할 것이 있다면 불법 가운데 증상만이 된다 하였으니
그런 까닭으로 볼 것도 없고 얻을 것도 없어야 바야흐로 능히 증득한 때를 볼 것이다.
얻을 것과 더불어 얻을 것이 없는 것이 함께 명자와 언어를 끊었나니 얻을 것이 있음을 떠나지 않고 얻을 것이 없음을 증득하여야 바야흐로 참다운 얻을 것이 없음이 되는 것이니, 말이 존재할 수 없고 말이 존재할 수 없는 것이다.

---

37 원문에 종宗이란, 속장경續藏經엔 經 자이다.
38 『정명경淨名經』이란, 중권中卷, 관중생품觀衆生品에 천녀天女와 사리불舍利佛의 대화이다.

疏

下四句는 別이니 有四甚微이니 第一은 觀行이요 第二는 依止요 第三은 淸淨이요 第四는 功德이라

아래 네 구절은 별別이니
네 가지 매우 미묘함이 있나니
첫 번째는 관행이요,
제 두 번째는 의지요,
제 세 번째는 청정이요,
제 네 번째는 공덕이다.

鈔

下四句者는 以總明難得이 其相猶隱일새 故別顯之니라 第一觀行下는 二에 列名이니 依論이요 次下釋은 順經이니 論經云호대 難得無垢濁하야 智者所行處라 自性常寂滅하야 不滅亦不生이라할새 故爲此次니라

아래 네 구절은 얻기 어려움을 한꺼번에 밝힌 것이 그 모습이 오히려 숨은 듯하기에 그런 까닭으로 다시 나타낸 것[39]이다.

---

[39] 원문 현지顯之라고 한 아래 다른 본에는 연소문유사연然疏文有四하니 初는 총표總標요 二는 열명列名이요 三은 석경釋經이요 四는 요간料揀이라는 말이 있기도 하다.

첫 번째 관행이라고 한 아래는 두 번째 이름을 열거한 것이니
『십지론』을 의지한[40] 것이요
이 다음 아래에 해석한[41] 것은 이 경의 말을 따른 것이니
『십지론경』에 말하기를
얻기 어려운 곳은 더러움이 없어
지혜로운 사람이 행할 바 처소이다.
자성이 항상 적멸하여
사라진 적도 없고 또한 생기한 적도 없다 하였기에 그런 까닭으로 이 차례[42]를 삼은 것이다.

疏

初句는 卽功德甚微니 不生者는 契理出世故요 不滅者는 非一往滅이니 不捨利益衆生事故니라 卽無住涅槃의 寂用無礙功德이라

처음 구절은 곧 공덕이 매우 미묘한 것이니
생기하지 않는다고 한 것은 진리에 계합契合하여 세간을 벗어난 까닭이요
사라지지 않는다고 한 것은 일왕멸一往滅[43]이 아니니 중생을 이익케

---

40 원문에 의론依論이라고 한 것은『십지론十地論』에 여시관행심묘如是觀行甚妙요 의지심묘依止甚妙요 청정심묘淸淨甚妙요 공덕심묘功德甚妙라하니라.
41 원문에 차하석次下釋이라고 한 것은 바로 아래 영인본 화엄 9책, p.308, 5행이다.
42 원문에 차차此次란, 제일관행第一觀行 운운이니, 즉 열명列名의 차례이다.

하는 일을 버리지 않는 까닭이다.
곧 무주처열반의 적체와 작용이 걸림이 없는 공덕이다.

鈔

初句下는 三에 釋經이라 初句는 釋第四功德微니 卽無生亦無滅句니라 無生者는 用而常寂이요 不滅者는 寂而常用일새 故云不一往滅이라하니 一往滅者는 卽同二乘이라 上來는 釋經이요 卽無住涅槃의 寂用無礙功德者는 結成論名이라

처음 구절이라고 한 아래는 세 번째 이 경을 해석한 것이다.
처음 구절은 제 네 번째 공덕이 미묘함을 해석한 것이니
곧 생기한 적도 없고 또한 사라진 적도 없다고 한 구절이다.
생기한 적도 없다고 한 것은 작용하지만 항상 고요한 것이요
사라진 적도 없다고 한 것은 고요하지만 항상 작용하기에 그런 까닭으로 말하기를 일왕멸이 아니다 하였으니
일왕멸이라고 한 것은 곧 이승의 열반과 같다.
상내에는 이 경을 해석한 것이요
곧 무주처열반의 적체와 작용이 걸림이 없는 공덕이라고 한 것은 『십지론』의 이름을 맺어서 성립한 것이다.

---

43 일왕멸一往滅이라고 한 것은 멸진정滅盡定이니 이승二乘의 열반이다.

疏

次句는 卽淸淨甚微니 性離煩惱라 非先有染이라가 後時離故로 名
爲性淨이라 如此則無不離時일새 故恒寂然이니 卽性淨涅槃이라

다음 구절은 곧 청정이 매우 미묘한 것이니
자성은 번뇌를 떠난지라[44] 먼저 더러움이 있다가 뒤에 떠난 것이
아닌 까닭으로 이름을 자성이 청정하다 하는 것이다.
이와 같다고 한다면 곧 떠나지 않는 때가 없기에 그런 까닭으로
항상 고요하다 할 것이니
곧 자성청정열반이다.

鈔

次句淸淨下는 釋第三淸淨微라 上功德微는 卽是自在我義요 此微
는 旣約性淨일새 卽是常義니 悟實本淨하야 無染可除니라 先染後淨
은 卽是無常이라

다음 구절은 곧 청정이 매우 미묘하다고 한 아래는 제 세 번째
청정이 미묘함을 해석한 것이다.
위에 공덕이 미묘하다고 한 것은 곧 이것은 자재한 아我의 뜻이요
여기에 청정이 미묘하다고 한 것은 이미 자성이 청정함을 잡은

---

[44] 원문에 성리性離 운운으로 후시리고後時離故까지는『십지론十地論』문이다.

것이기에 곧 이것은 상常의 뜻이니
진실로 본래 청정함을 깨달아 더러움 가히 제멸할 것이 없는 것이다.
먼저 더러운 것을 뒤에 청정하게 하는 것은 곧 이것은 무상한 것이다.

疏

言離垢者는 卽觀行甚微니 謂觀智中에 離無明垢故니 不同世間
八禪이 爲無明雜故니라

번뇌를 떠났다고 말한 것은 곧 관행이 매우 미묘한 것이니
말하자면 지혜 가운데 무명의 번뇌를 떠남을 관찰하는 까닭이니
세간에 팔선八禪이 무명에 섞임이 되는 것과는 같지 않는 까닭이다.

鈔

言離垢者下는 釋第一觀行微니 卽是淨義라 先은 順釋이니 論云호대
智中無無明故라하니라 不同世間下는 二에 反釋이니 故論云호대 有
無明雜智는 是名爲濁이라하며 以論經云호대 無垢濁故라하니라 世間
八禪은 是不動業이니 必雜無明이라

번뇌를 떠났다고 말한 아래는 첫 번째 관행이 미묘함을 해석한 것이니
곧 이것은 정淨의 뜻이다.
먼저는 순리대로 해석한 것이니

『십지론』에 말하기를 지혜 가운데는 무명이 없는[45] 까닭이다 하였다.
세간에 팔선과 같지 않다고 한 아래[46]는 두 번째 반대로 해석한 것이니
그런 까닭으로 『십지론』에 말하기를 무명에 섞임이 있는 지혜는 이 이름이 탁濁함이 된다 하였으며
『십지론경』에는 구탁垢濁이 없는 까닭이다 하였다.
세간에 팔선이라고 한 것은 이것은 부동업[47]이니
반드시 무명에 섞인 것이다.

疏

聰慧人下는 卽依止甚微니 聰慧人者는 登地已上에 有智之者니 彼人之智라야 能行地智니라

총명하고 지혜로운 사람이라고 한 아래는 곧 의지가 매우 미묘한 것이니

---

45 『십지론』 운운은 十地論엔 無垢濁者는 智中無無明故니 有無明雜智는 是名爲 濁이라하니라. 즉 『십지론』에는 구탁이 없다고 한 것은 지혜 가운데 무명이 없는 까닭이니 무명에 섞임이 있는 지혜는 이 이름이 탁이 된다 하였다는 것이다.
46 원문 下 자 아래 二 자가 있으면 좋아 보증하였다.
47 부동업不動業이라고 한 것은 부동업不動業은 색계와 무색계에 해당하고, 비복업非福業은 욕계 삼악도에 해당하고, 복업福業은 욕계 삼선三禪에 해당한다. 부동업不動業이란 선정을 닦고 있기에 부동업不動業이라 한다.

총명하고 지혜로운 사람이라고 한 것은 십지에 오른 이상에 지혜가 있는 사람이니
저 십지 이상 사람의 지혜라야 능히 십지의 지혜를 행하는 것이다.

鈔

聰慧人下는 釋第二依止微니 卽顯樂德이라 言依止者는 爲行依故니라 先은 釋能行之人이니 此聰慧人은 卽論經에 智者二字니라

총명하고 지혜로운 사람이라고 한 아래는 제 두 번째 의지가 미묘함을 해석한 것이니
곧 낙덕樂德[48]을 나타낸 것이다.
의지라고 말한 것은 행의 의지가 되는 까닭이다.
먼저는 능히 행하는 사람을[49] 해석한 것이니
여기에 총명하고 지혜롭다고 한 것은 곧 『십지론경』에 지혜로운

---

48 낙덕樂德이라고 한 것은 지혜가 이 보리라면 곧 보리가 무상정각無上正覺의 법락法樂이 되는 까닭이다

49 원문에 능행지인能行之人 운운은 능히 행하는 사람이란 今經에 총명하고 지혜로운 사람(聰·慧·人)이라는 세 글자이고, 능히 행하는 지혜는 今經의 저 지혜(彼·智)라는 두 글자이니 곧 증지證智이다. 그리고 행하는 처소는 今經의 행하는 바 처소(所·行·處)라는 세 글자이니 곧 십지의 지혜이다. 또 네 가지 미묘한 것을 상常·락樂·아我·정淨의 네 가지 덕德에 배속하였으니 앞에 세 가지 배속한 것은 가히 알 수 있겠다. 그러나 지금 여기 제 두 번째 의지가 미묘한 것을 낙덕樂德에 배속한 것은 총명하고 지혜로운 사람이 분단分段의 고통苦痛을 떠난 까닭이다.

사람(智者)이라고 한 두 글자이다.

疏

何智能行고 若就總就實건댄 唯一實智니 見一實諦故요 若就別兼權건댄 則通三智니 一은 加行智니 增上善勝解故요 二는 根本智니 增上善寂滅故니 謂滅諸惑하고 證寂理故요 三은 後得智니 隨聞明了故니라

어떤 것이 지혜로운 사람이 능히 행하는 것인가.
만약 총석에 나아가고 진실에 나아간다면 오직 하나의 진실한 지혜뿐이니 하나의 진실한 진리(一實諦)를 보는 까닭이요
만약 별석에 나아가고 방편을 겸한다면 곧 세 가지 지혜에 통하는 것이니
첫 번째는 가행지혜이니
좋고 수승한 지혜를 증상하는 까닭이요
두 번째는 근본지혜이니
좋은 적멸을 증상하는 까닭이니
말하자면 모든 번뇌를 소멸하고 적멸의 진리를 증득하는 까닭이요
세 번째는 후득지혜이니
들음을 따라 분명하게 아는 까닭이다.

鈔

何智能行下는 二에 徵以別顯이라 然有二對하니 一은 總別이요 二는 權實이니 今疏合明이라 論云호대 智者所行處者는 自證知故요 自證知者는 依彼生故니라 於中智者는 見實諦義故며 復增上善解法故며 增上善寂滅故며 復有世間智하야 隨聞明了知故라하니 釋曰今疏는 意明此中에 論有總別하니 先은 總이요 後에 於中下는 別이라 總中二句는 皆是實智요 別中엔 有實有權故로 合之니 就總就實건댄 唯一實智라하니라 然總別은 就文이요 權實은 約義니라

어떤 것이 지혜로운[50] 사람이 능히 행하는 것인가 한 아래는 두 번째 물어서 따로 나타낸 것이다.
그러나 두 가지 상대가 있나니
첫 번째는 총석과 별석을 상대한 것이요
두 번째는 방편과 진실을 상대한 것이니
지금 소문에는 합하여 밝혔다.[51]
『십지론』에 말하기를 지혜로운 사람이 행할 바[52] 처소라고 한 것은 스스로 증득하여 아는 까닭이요

---

50 원문 하지何智라고 한 위에 다른 본에는 피인지지하彼人之智下는 二에 석피지소행처釋彼智所行處라 어중삼於中三이니 先은 총석總釋이요 二는 징이별현徵以別顯이요 三은 정석행상正釋行相이라는 말이 있기도 하다.
51 원문에 금소합명今疏合明이라고 한 것은 총석과 진실을 합하여 밝히고 별석과 방편을 합하여 밝힌다는 것이다.
52 원문에 소행所行의 所 자는 『십지론十地論』엔 智 자이다.

스스로 증득하여 안다고 한 것은 저를 의지하여 생기하는 까닭이다.
저 가운데 지혜로운 사람이라고 한 것은 실제의 뜻을 본 까닭이며
다시 좋은 지혜의 법을 증상한 까닭이며
좋은 적멸을 증상한 까닭이며
다시 세간의 지혜가 있어서 들음을 따라 명료하게 아는 까닭이다 하였다.
해석하여 말하면 지금에 소문은 그 뜻이 이 지혜를 밝히는 가운데 『십지론』에 총석과 별석이 있나니
먼저는 총석이요
뒤에 저 가운데 지혜로운 사람이라고 한 아래는 별석이다.
총석 가운데 두 구절은 다 이 진실한 지혜요
별석 가운데는 진실이 있고 방편이 있는[53] 까닭으로 합하였으니
총석에 나아가고 진실에 나아간다면 오직 하나의 진실한 지혜뿐이다 하였다.
그러나 총석과 별석은 경문에 나아간 것이요
방편과 진실은 뜻을 잡은 것이다.

---

53 원문에 별중유실유권別中有實有權 운운은 별석 가운데 있는 바 진실을 총석 가운데 있는 바 진실에 합하여 해석한 까닭으로 총석에 나아가고 진실에 나아간다면 오직 하나의 진실한 지혜뿐이다 말한 것이다.

疏

云何行處고 此之地智가 是彼證智로 自證知故니 依彼地智하야 說證智生일새 故說爲行이언정 非正證時에 有能所行也니라

어떤 것이 행할 바 처소인가.
이 십지의 지혜가 저 증득한 지혜로 스스로 증득하여 아는 까닭이니 저 십지의 지혜를 의지하여 증득한 지혜가 생기함을 말하기에 그런 까닭으로 행이라 말할지언정 바로 증득할 때에 능소의 행이 있음을 말한 것은 아니다.

鈔

云何行處는 卽第三에 正釋行處라 二智可見일새 故唯約證智니 能行 卽是論中總意니라 初云호대 此之地智가 是彼證智로 自證知故者는 卽論云호대 智者의 所行處者는 自證知故라하니라 次云호대 依彼地 智하야 說證智生者는 卽釋論第二句云호대 自證知者는 依彼生故라 하니 是則地智는 約木有之요 證智는 約人就法이라 亦由遠公이 上云 호대 三은 證智요 四는 所表地法이라하니 思之니라

어떤 것이 행할 바 처소인가 한 것은 곧 세 번째 바로 행할 곳을 해석한 것이다.
두 가지 지혜[54]를 가히 보기에 그런 까닭으로 오직 증득한 지혜로만 능히 행함을 잡은 것이니

곧 이것은 『십지론』 가운데 총석의 뜻이다.

처음에 말하기를 이 십지의 지혜가 저 증득한 지혜로 스스로 증득하여 아는 까닭이라고 한 것은 곧 『십지론』에 말하기를 지혜로운 사람의 행할 바 처소라고 한 것은 스스로 증득하여 아는 까닭이다 하였다.
다음에 말하기를 저 십지의 지혜를 의지하여 증득한 지혜가 생기함을 말한다고 한 것은 곧 『십지론』에 제 두 번째 구절[55]을 해석하여 말하기를 스스로 증득하여 안다고 한 것은 저 지혜를 의지하여 생기하는 까닭이다 하였으니
이것은 곧 십지의 지혜는 본래 있는 지혜를 잡은 것이요
증득한 지혜는 사람이 법에 나아감을 잡은 것이다.
또한 혜원법사가 위에[56] 말을 인유하여 말하기를 세 번째는 증지요

---

54 원문에 이지二智라고 한 것은 가행지加行智와 후득지後得智, 지지地智와 증지證智이다.
55 원문에 제이구第二句는 지자지행처智者智行處이고 제일구第一句는 난득무구탁難得無垢濁이다. 『십지론』에 지혜로운 사람의 지혜로운 행처라고 한 것은 스스로 증득하여 아는 까닭이니 스스로 증득하여 안다고 한 것은 저 지혜를 의지하여 생기하는 까닭이다 하였다. 초문에는 지자소행처智者所行處라 하였으나 『십지론』에는 지자지행처智者智行處라 하였다.
56 원문에 원공상운遠公上云이라 한 그 上은 영인본 화엄 9책, p.285, 末行에 말하기를 二에 大體相을 古說不同하니 遠公云호대 此地經中에 宗要有四하니 一은 是言教요 二는 是所說教道之行이요 三은 是所顯證道之行이요 四는 是證道所表之法이라하니라. 즉 혜원법사가 위에서 말하였다고 한 그 위에

네 번째는 표할 바 십지의 법이다 하였으니
생각하여 볼 것이다.

疏

上四微中에 功德異小요 觀行異凡이요 依止淸淨은 揀異外道의 自尊之者니 以智斷異故니라 前淸淨微는 是斷德이니 不同彼有見惑과 及滅心想으로 爲淸淨故요 依止는 卽是智德이니 不同彼의 以六行으로 而伏惑故니라 上依增勝거니와 若通說者인댄 並異凡小니라

위에 네 가지 미묘한 가운데 공덕은 소승과 다르고 관행은 범부와 다르고 의지와 청정은 외도가 스스로 존자라고 한 것[57]과 다름을 가린 것이니 지덕과 단덕이 다른 까닭이다.
앞에 청정이 미묘하다고 한 것은 이것은 단덕이니
저 외도가 견혹이 있는 것과 그리고 심상心想을 멸함으로 청정을

라고 한 것은 영인본 화엄 9책, p.285, 말행에 말하기를 두 번째 대大의 자체와 모습을 고인이 말한 것이 같지 않나니 혜원법사가 말하기를 이 『십지경』 가운데 종요宗要가 네 가지가 있나니 첫 번째는 이 언교言敎이고 두 번째는 이 설할 바 교도敎道의 행이고 세 번째는 이 나타낼 바 증도證道의 행이고 네 번째는 이 증도의 표할 바 법이다 하였다.

[57] 원문에 외도자존지자外道自尊之者라고 한 것은 十地論엔 外道가 自言호대 尊者라 하였다. 즉 『십지론』에는 외도가 스스로 말하기를 존자라 하였다는 것이다.

삼는 것과는 같지 않는 까닭이요
의지가 미묘하다고 한 것은 곧 이것은 지덕이니
저 외도가 여섯 가지 행[58]으로 번뇌를 조복하는 것과는 같지 않는 까닭이다.
이상은 더 수승함을 의지하여 말한 것이어니와 만약 통상으로 말한다면 모두 범부와 소승과 다른 것이다.

鈔

上四微中下는 第四에 料揀이라 於中二니 先은 依論從勝以配요 上依增勝下는 二에 疏意明通이라 通相云何고 如功德異小는 無住功德이 凡外豈有리요하니라 觀行異凡은 小乘外道가 皆有無明하니 明彼亦無니라 依止淸淨은 揀異外道는 凡小寧有리요하니 以並非聰慧로 雙證二空하고 定契性淨으로 爲涅槃寂然하니라 故知論主가 從勝略配耳니라

위에 네 가지 미묘한 가운데라고 한 아래는 제 네 번째 헤아려 가린 것이다.
그 가운데 두 가지가 있나니
먼저는 『십지론』을 의지하여 수승함을 좇아 배대한 것이요
이상은 더 수승함을 의지하여 말한 것이라고 한 아래는 두 번째

---

58 원문에 육행六行이라고 한 것은 자아自餓, 투연投淵, 부화赴火, 자좌自坐, 적묵寂默, 우구牛狗의 육종고행외도六種苦行外道이다.

소가가 뜻으로 통상으로 말한 것을 밝힌 것이다.
통상通相은 어떠한가.
저 공덕이 소승과 다르다고 한 것은 무주공덕이 범부와 외도가 어찌 있겠는가 한 것이다.
관행이 범부와 다르다고 한 것은 소승과 외도가 다 무명이 있나니 저 또한 없음을 밝힌 것이다.
의지와 청정은 외도와 다름을 가린다고 한 것은 범부와 소승이 어찌 있겠는가 한 것이니
범부와 소승이 모두 총명과 지혜로[59] 이공二空을 함께 증득하고 결정코 자성이 청정함에 계합함으로 열반의 고요함을 삼지 않는 것이다.
그런 까닭으로 알아라. 『십지론』 주가[60] 수승함을 좇아 간략하게

---

[59] 원문에 이병비총혜以並非聰慧라고 한 아래는 바로 위에 범부와 소승이 어찌 있겠는가 한 뜻을 설출한 것이니, 범부와 소승이 모두 총명과 지혜로 이공二空을 증득하지 아니한 까닭으로 의지가 미묘한 것이 없고, 범부와 소승이 모두 결정코 자성청정열반에 계합하지 아니한 까닭으로 청정이 미묘한 것이 없는 것이다. 만약 열반적연涅槃寂然이라 한 然 자가 用 지의 잘못이라면 곧 범부가 소승과 외도가 모두 네 가지 미묘한 것이 없음을 통결하여 역차逆次로 밝힌 것이라 할 것이니, 말하자면 第四에 총혜聰慧와 第三에 쌍증이공雙證二空과 第二에 정계성정定契性淨과 第一에 열반적용涅槃寂用이다. 第三에 쌍증이공雙證二空이란 무명無明을 떠나 법공法空을 증득한다면 번뇌를 떠나 인공人空을 증득하는 것은 그 가운데 있는 까닭으로 쌍증이공雙證二空이라 하는 것이다. 총혜聰慧는 십지十地에 오른 이상의 사람 지혜이다.

[60] 원문에 논주論主 운운은 十地論에 第一甚微는 不同世間三昧故요 第二第三은 不同外道自言尊者故요 第四는 不同聲聞辟支佛故라하니라. 즉 『십지론』에

배대한 것일 뿐이다.

첫 번째 매우 미묘한 것은 세간의 삼매와 같지 않는 까닭이요 제 두 번째와 제 세 번째는 외도가 스스로 말하기를 존자라 한 것과 같지 않는 까닭이요 제 네 번째는 성문과 벽지불과 같지 않는 까닭이다 하였다.

經

自性本空寂하야 無二亦無盡하며
解脫於諸趣하야 涅槃平等住하니다

非初非中後며   非言辭所說이며
出過於三世하야 其相如虛空하니다

자성은 본래 공적하여
둘도 없고 또한 다함도 없으며
모든 곳에서 해탈하여
열반에 평등하게 머뭅니다.

처음도 아니고 중간도 뒤[61]도 아니며
말로 설할 바도 아니며
삼세에서 벗어나
그 모습이 허공과 같습니다.

疏

第二에 兩頌은 別顯微相이라 故論云호대 此甚微智가 復有何相고
하니 此는 徵體相也라 是智가 有二相하니 初二句는 明同相이니
智體空寂故요 後六句는 不同相이니 智位差別故니라

---

61 원문에 초중후初中後라고 한 것은 즉 삼시三時이니 삼세三世이다.

제 두 번째 두 게송은 미묘한 모습을 따로 나타낸 것이다.
그런 까닭으로 『십지론』에 말하기를 이 매우 미묘한 지혜가 다시
무슨 모습이 있는가 하였으니
이것은 자체의 모습을 물은 것이다.
이 지혜가 두 가지 모습이 있나니
처음에 두 구절은 같은 모습을 밝힌 것이니
지혜의 자체가 공적한 까닭이요
뒤에 여섯 구절은 같지 않는 모습을 밝힌 것이니
지혜의 지위가 차별한 까닭이다.

鈔

此徵體相也者는 疏釋論이라 體相有三하니 一者는 標相이니 如見煙知火하며 見鶴知池等이요 二者는 形相이니 如長短方圓等이요 三者는 體相이니 如火熱相等이라 今揀前二일새 故云體相이라하니라 體相復二니 一者는 事體니 如向所引이요 二者는 理體니 如空寂等이라 今是理體니 約不同相인댄 雖義兼於事나 皆事理相卽으로 爲深義之體也니라 智體空寂者는 其由世間의 色等空寂이 名爲同相이요 色相差別이 爲不同相이니 不同은 猶於自性也니라

이것은 자체의 모습을 물은 것이라고 한 것은 소가가 『십지론』을 해석한 것이다.
자체의 모습이 세 가지가 있나니

첫 번째는 표하는 모습이니

연기를 봄에 불을 아는 것과 같으며 학을 봄에 못을 아는 것과 같은 등이요

두 번째는 형체의 모습이니

길고 짧고 모나고 둥근 등이요

세 번째는 자체의 모습이니

불의 따뜻한 모습과 같은 등이다.

지금 제 세 번째는 앞에 두 가지와 다름을 가리기에 그런 까닭으로 말하기를 자체의 모습이다 하였다.

자체의 모습이 다시 두 가지가 있나니

첫 번째는 사실(事)의 자체이니

향래向來에 인용한 바와 같은 것이요[62]

두 번째는 진리(理)의 자체이니

공적하다고 한 것과 같은 등이다.

지금에는 이 진리(理)의 자체를 말한 것이니

같지 않은 모습을 잡는다면 비록 뜻이 사실(事)의 자체를 겸하였지만 다 사실과 진리가 서로 즉함[63]으로 깊은 뜻의 자체를 삼는 것이다.

---

62 원문에 여향소인如向所引이라고 한 것은 즉 화열상火熱相이라 한 것과 같다는 것이다. 여상如相이라 한 相 자는 衍이다. 굳이 해석한다면 자체의 모습이 향래라 운운할 것이다.

63 원문에 사리상즉事理相卽이라고 한 것은 그 뜻을 말하면 그 같지 않은 모습인즉 비록 이 사실(事)이나 그러나 사실은 이 진리(理)에 즉한 사실인 까닭으로 역시 진리의 자체인 것이다. 이것을 의지한다면 곧 소문에 이것은 자체의

지혜의 자체가 공적하다고 한 것은 그것은 세간에[64] 색 등이 공적한 것이 이름이 같은 모습이 되는 것이요 색상이 차별한 것이 이름이 같지 않는 모습이 된다고 함을 인유한 것이니
같지 않는 모습이라고 한 것은 자성[65]의 모습과 같다.

疏

今初同中에 上句總이요 下句別이라 總中에 此是誰相고 彼智相故니 故言自體라하니라 此智自體는 以何爲相고 謂本空寂이라 何以言同고 此卽性淨涅槃이니 上同諸佛하고 下同衆生이니 一切衆生이 皆有此故니라 橫同諸法이니 諸法如故며 此如가 卽是自體空故며 一切가 皆以空爲自性하며 智性色性이 本無差故며 一切에 皆有安樂性故니라

모습을 물은 것이라고 말한 자체의 모습은 같은 모습을 잡는다면 자체가 곧 모습이요, 같지 않는 모습을 잡는다면 여기에 두 가지 뜻이 있다. 첫째는 만약 사실의 자체를 잡는다면 자체가 곧 모습이고, 두 번째는 만약 진리의 자체를 잡는다면 자체의 모습이다.

64 원문에 기유세간其由世間이라고 한 것은 상도常途의 자상自相과 공상共相을 이끌어 비례한 것이다.

65 자성自性이라고 한 것은 모든 법의 자성이 각각 같지 않은 까닭이요, 또 自性이라 한 性 자는 相 자가 아닌가 의심하나니 동상同相은 공상共相으로 더불어 서로 판단할 수 없고, 부동상不同相은 자상自相으로 더불어 다른 듯한 까닭으로 유여자상猶如自相이라 할 것이다. 그러나 자성自性이니 자상自相이니 나눌 것이 아니라 자성自性의 모습이라 하라.

지금은 처음으로 같은 모습 가운데 위에 구절은 총이요
아래 구절은 별이다.
총 가운데 이것은 무슨 모습인가.
저 지혜의 모습인 까닭이니 그런 까닭으로 말하기를 자체라 한다 하였다.
이 지혜의 자체는 무엇으로써 모습을 삼는가.
본래 공적한 것을 말하는 것이다.
무엇으로써 같다고 말하는가.
이것은 곧 자성이 청정한 열반이니
위로는 모든 부처님과 같고 아래로는 중생과 같나니
일체중생이 다 이것이 있는 까닭이다.
횡으로는 모든 법과 같나니
모든 법이 다 진여인 까닭이며
이 진여가 곧 자체가 공한 까닭이며
일체가 다 공으로써 자성을 삼으며
지혜의 자성과 색의 자성이 본래 차별이 없으며
일체에 다 안락한 자성이 있는 까닭이다.

鈔

總中下는 釋總句에 有二하니 先은 釋經中에 兩重假徵이니 以經配答은 可知니라 但體性이 有同有異하니 異者는 相據於外하고 性主於內요 體者는 性相之通稱이니 則寬狹不同하니라 今此所明은 卽性爲體

니 故經云自性이라하고 論經云自體라하니라 何以言同此卽性淨下
는 第二에 釋論의 同相之言이라 先은 出體니 此卽性淨涅槃者는 出體
也요 則下言不同은 是方便淨涅槃이라 同相有二하니 一은 對因彰果
니 本隱今顯이요 二는 對用彰體니 涅槃體淨일새 故不揀修生修顯하
고 功德彰體를 齊稱性淨이니라 若依初義인댄 無始法性이 名之爲體
니 昔爲妄覆라가 今에 障息德顯일새 故名爲淨이니라 若依後義인댄
則涅槃法體가 名之爲性이요 涅槃體淨이 名爲性淨이니라 下方便淨
도 亦有二義하니 次下當辯하리라 上同諸佛下는 後에 釋名也니 以體
釋名이라 由體同故로 略擧三同하야 顯橫竪皆同이니 上下는 卽竪니
라 橫同諸法은 標也요 諸法皆如下는 展轉釋成이라 文中에 自有五重
徵釋하니 一은 云호대 云何知皆同諸法고할새 釋云호대 諸法皆如故
라하니 智體卽如일새 故云同也니라 二는 又徵云호대 經云性空이라하
얏거니 何干於如고할새 故釋云호대 如卽空故라하니라 三은 又徵云호
대 何以得知如卽是空고할새 故釋云호대 一切가 皆以空爲自性故라
하니 自性이 卽是空如니라 四는 又徵云호대 豈不言總意別하며 別在
於智어니 何言諸法고할새 故釋云호대 色性智性이 本無二故라하니
卽起信文이라 以法取性인댄 性隨法別이니 是則智空이언정 非說餘
空이요 若以法就性인댄 性無不同이니라 五는 又徵云호대 縱言性同
이나 何以得知是涅槃性고할새 故引涅槃經證이니 一切諸法中에 皆
有安樂性하니 安樂性者는 卽涅槃性이라하니라 卽涅槃第三의 四十
二問中에 一問也니라

총 가운데라고 한 아래는 총구를 해석함에 두 가지가 있나니

먼저는 경문을 해석하는[66] 가운데 양중兩重으로 물음을 가자한 것이니
경문으로써 답에 배속한 것은 가히 알 수가 있을 것이다.
다만 체성이 같음이 있고 다름이 있나니
다르다고 한 것은 모습은 밖에 의거하고 자성은 안에 주인하는 것이요
자체라고 한 것은 자성과 모습을 통칭한 것이니
곧 넓고 좁은 것이 같지 않는 것이다.
지금 여기에[67] 밝힌 바는 곧 자성으로 자체를 삼은 것이니
그런 까닭으로 이 경에 말하기를 자성이라 하였고 『십지론경』에 말하기를 자체라 하였다.

무엇으로써 같다고 말하는가 이것은 곧 자성이 청정한 열반이라고 한 아래는 두 번째 『십지론』에 같은 모습이라고 한 말을 해석한 것이다.
먼저는 자체를 설출한[68] 것이니
이것은 곧 자성이 청정한 열반이라고 한 것은 자체를 설출한 것이요

---

[66] 원문에 석경釋經이라고 한 아래 다른 본에는 後는 석론釋論이라는 말이 있기도 하다.
[67] 원문에 금차今此 운운은 이 위에는 다름을 밝혔고, 이 아래는 같음을 밝힌 것이다. 그 뜻은 자체는 다만 자성일 뿐 모습에 통하지 않는 것이다.
[68] 원문 출체出體라고 한 아래에 다른 본에는 後는 석명釋名이라는 말이 있기도 하다.

곧 아래[69]에 같지 않다고 말한 것은 이것은 방편이 청정한 열반이다.
같은 모습이 두 가지가 있나니
첫 번째는 원인을 상대하여 결과를 밝힌 것이니
본래는 숨었다가 지금에 나타난 것이요[70]
두 번째는 작용을 상대하여 자체를 밝힌 것이니
열반의 자체가 청정하기에 그런 까닭으로 수행하여 생기하는 것과 수행하여 나타나는 것을 가리지 않고 공덕이 자체를 밝히는 것을[71] 다 같이 자성이 청정한 열반이라 이름하는 것이다.
만약 처음에 뜻을 의지한다면 비롯함이 없는 법의 자성이 이름이 자체가 되는 것이니
옛날에 망념이 덮었다가 지금에 장애가 쉬고 공덕이 나타나기에 그런 까닭으로 열반의 자체가 청정하다 이름한 것이다.
만약 뒤에 뜻을 의지한다면 곧 열반의 법체가 이름이 자성이 되고 열반의 자체가 청정한 것이 이름이 자성이 청정한 것이 되는 것이다. 아래 방편이 청정한 열반이라고 한 것도 또한 두 가지 뜻이 있나니 이 다음 아래[72]에서 마땅히 분별하겠다.

---

69 아래란, 영인본 화엄 9책, p.324, 末行이다. 『유망기』는 즉하則下 등 열한 글자(十一字)는 연자衍字인 듯하다 하였다.
70 원문에 본은本隱은 인행시因行時엔 숨고, 금현今顯은 성불금시成佛今時엔 나타난다는 것이다.
71 원문에 공덕창체功德彰體 운운은 공덕은 곧 작용이니 그 자체를 밝히고자 한다면 다 자성이 청정한 것으로 자체를 삼는 것이니, 곧 오직 작용을 상대하여 자체를 밝힌 것만 해석한 것이다.
72 원문에 차하次下란, 영인본 화엄 9책, p.324, 말행末行이다.

위로는 모든 부처님과 같다고 한 아래는 뒤에 이름을 해석한 것이니 자체로써 이름을 해석한 것이다.

자체가 같음을 인유한 까닭으로 간략하게 세 가지 같음을 들어 가로 세로가 다 같음을 나타낸 것이니

위로 아래로라고 한 것은 곧 세로(竪)인 것이다.

횡으로 모든 법과 같다고 한 것은 표석이요

모든 법이 다 진여라고 한 아래는 전전히 해석하여 성립한 것이다.

소문 가운데 스스로 오중五重으로 묻고 해석한 것이 있나니

첫 번째는 말하기를 어떤 것이 다 모든 법과 같은 줄 앎을 얻는가 하기에 해석하여 말하기를 모든 법이 다 진여인 까닭이다 하였으니, 지혜의 자체가 곧 진여이기에 그런 까닭으로 같다고 말한 것이다.

두 번째는 또 물어 말하기를 경에 말하기를 자성이 공하다 하였거니 어찌 진여에 간여하는가 하기에 그런 까닭으로 해석하여 말하기를 진여가 곧 공한 까닭이다 하였다.

세 번째는 또 물어 말하기를 어찌 진여가 곧 이에 공한 줄 앎을 얻는가 하기에 그런 까닭으로 해석하여 말하기를 일체가 다 공으로써 자성을 삼는 까닭이다 하였으니

자성이 곧 이 공의 진여이다.

네 번째는 또 물어 말하기를 어찌 말은 총으로 하였으나 뜻이 다르지[73]

---

[73] 원문에 언총의별言總意別이라고 한 등은 『십지론十地論』 가운데 일체법一切法이 진여眞如라는 말이 비록 모든 법을 다 말한 것(總言)이나 그 뜻은 저 지혜에 있음을 따로 말한 것(別言)이어늘 지금에는 어떻게 모든 법이 다 공하다고 말하는가 하는 뜻이다. 이상은 『유망기遺忘記』의 해석이고, 『잡화기

않으며 다르다는 것은 그 뜻이 지혜에 있거니 어찌 모든 법을 말하는가 하기에 그런 까닭으로 해석하여 말하기를 색의 자성과 지혜의 자성이 본래 둘이 없는 까닭이다 하였으니
곧 『기신론』의 문장이다.
법으로써 자성을 취한다면[74] 자성이 법을 따라 다르나니
이것은 지혜가 공함을 말한 것일지언정 다른 것이 공함을 말한 것이 아니요
만약 법으로써 자성에 나아간다면[75] 자성이 같지 아니함이 없는 것이다.
다섯 번째는 또 물어 말하기를 비록 자성이 같음을 말하였지만 어찌 이 열반의 자성을 앎을 얻는가 하기에 그런 까닭으로『열반경』을 인용하여 증거한 것이니
일체법 가운데 다 안락한 자성이 있나니
안락한 자성은 곧 열반의 자성이다 하였다.
곧 『열반경』 제삼권 마흔두 가지 질문 가운데 한 가지 질문이다.

疏

下句別者는 論經엔 加一有字하야 云有不二不盡이라하니 釋云호

雜華記』는 경문經文 가운데 자성이 공적하다는 말은 비록 이 總이지만 그 뜻은 따로 저 지혜에 있거늘 지금에는 어찌하여 일체가 다 空으로써 자성을 삼는다 말하는가 하였다.

74 원문에 이법취성以法取性이라고 한 것은 法이 主가 되는 것이다.
75 원문에 이법취성以法就性이라고 한 것은 性이 主가 되는 것이다.

대 此智空寂인댄 其相云何고 謂離三種空攝이 是眞空相이라 三種空者는 卽地前에 空亂意菩薩이라 一은 疑空滅色하야 取斷滅空이니 此失空如來藏이니 則損減也요 二는 疑空異色하야 取色外空이요 三은 疑空是物하야 取空爲有니라 今云有者는 卽初離謗攝이니 不謂斷滅이 如兔角故요 言不二者는 卽離異攝이니 不謂異此空智하야 更有異空이요 言不盡者는 離盡滅攝이니 不謂有彼此自體와 彼此轉滅故라하니 此는 明非滅有體之智하야 成有體之空이며 亦非空有物하야 可轉滅也니 離此三空하면 卽見自性本空한 空如來藏이리라 今闕有字하니 如何會通고 此有二意하니 一은 以不盡으로 攝之니 謂有體故로 不盡無인댄 則異於斷滅이요 若無可盡滅인댄 則非有物이니 義如前說하니라 二者는 西域之經이 自有二本하니 故論云호대 有二種頌하니 一은 有不二不盡이요 二는 定不二不盡이니 此頌雖異나 同明實有이라 若非實有인댄 不得言定이라 此云何定고 定能滅除諸煩惱故라하니 意云호대 定卽是有일새 故能滅惑이니라 今經엔 亦無定字나 義同定本이니 謂定是有無의 不二法故로 離前二空이니라 謂無二中에 兼得空與有의 不二일새 故非斷滅이니라 三種空義는 如寶性論의 第四所明하니라

아래 구절은 별별이라고 한 것은 『십지론경』에는 하나의 유有 자를 더하여 둘도 없고 다함도 없음이 있다 하였으니
해석하여 말하기를[76] 이 지혜가 공적空寂하다고 한다면 그 모습이

---

[76] 원문에 석운釋云 운운은 영인본 화엄 9책, p.315, 1행에 此智自體는 以何爲相고

어떠한가.

말하자면 세 가지 공섭空攝을 떠나는 것이 이 진공의 모습이다. 세 가지 공이라고 한 것은 곧 십지 이전에 공에 마음이 어지러운 보살이다.

첫 번째는 공에는 색이 없다고 의심하여 단멸공을 취하는 것이니 이것은 공여래장을 잃은 것이니 곧 손감損減이요

두 번째는 공이 색과 다르다고 의심하여 색 밖에 공을 취하는 것이요

세 번째는 공이 이 사물이라고 의심하여 공을 취하여 유有라고 하는 것이다.

지금에 있다고 말한 것은 곧 처음에 방섭謗攝을 떠나는 것이니[77] 단멸이 토끼뿔과 같음을 말하는 것이 아닌 까닭이요

둘도 없다고 말한 것은 곧 이섭異攝을 떠나는 것이니 이 공의 지혜와 달라서 다시 다른 공이 있다고 말하는 것이 아니요

다함도 없다고 말한 것은 진멸섭盡滅攝을 떠나는 것이니 피차[78]의 자체와 피차의 전멸轉滅이 있음을 말하는 것이 아닌 까닭[79]이다 하였으니

謂本空寂이라하니라. 즉 이 지혜의 자체는 무엇으로써 모습을 삼는가. 본래 공적한 것을 말하는 것이다 하였다.

77 처음에 방섭謗攝을 떠나는 것이라고 한 것은 『십지론』에 이 구절은 세 가지 공섭을 떠나는 것이니 첫 번째는 방섭을 떠나는 것이고 두 번째는 이섭을 떠나는 것이고 세 번째는 멸진섭을 떠나는 것이다 하였다.

78 피차彼此란, 彼는 智요, 此는 空이다.

79 원문에 전멸고轉滅故까지는 『십지론十地論』을 약인略引한 것이다.

이것은[80] 자체가 있는 지혜를 제멸하여 자체가 있는 공을 이룬 것이 아니며, 또한[81] 공이 사물이 있어서 가히 전멸하는 것이 아님을 밝힌 것이니

이 세 가지 공을 떠난다면 곧 자성이 본래 공한 공여래장을 볼 것이다.

지금 경에는 유有 자가 빠졌으니 어떻게 회통해야 하겠는가.

여기에 두 가지 뜻이 있나니

첫 번째는 다함이 없다는 것으로써 섭수하는 것이니

말하자면 자체가 있는 까닭으로 다하여 없지 않다고 한다면 곧 단멸함과는 다른 것이요

만약 가히 다하여 사라짐이 없다고 한다면 사물이 있는 것은 아니니 그 뜻이 앞에서 설한 것과 같다.

두 번째는 서역의 경전이 스스로 두 본本이 있나니

그런 까닭으로 『십지론』에 말하기를 두 가지 게송이 있나니

첫 번째는 들도 없고 다함도 없음이 있는 것이요,

두 번째는 들도 없고 다함도 없음을 결정하는 것이니

이 게송이 비록 다르지만 진실로 있음을 다 같이 밝힌 것이다.

만약 진실로 있지 않다고 한다면 결정한다고 말함을 얻을 수 없는 것이다.

---

80 원문에 차명此明 운운은 피차彼此가 자체가 있음을 말하는 것이 아님을 해석한 것이다.

81 원문에 역비亦非 운운은 피차彼此가 전멸함이 있음을 말하는 것이 아님을 해석한 것이다.

이것은 어떤 것을 결정하는가.

능히 모든 번뇌를 제멸함을 결정하는 까닭이다 하였으니

그 뜻에 말하기를 결정한다고 한 것은 곧 있는 것이기에 그런 까닭으로 능히 번뇌를 제멸하는 것이다.

지금 경에는 또한 정定 자가 없지만 그 뜻은 정 자로 근본을 삼는 것과 같나니,

말하자면 이 유무有無가 둘이 없는 법을 결정하는 까닭으로 앞에 두 가지 공을 떠나는 것이다.

말하자면 둘이 없는 가운데 공과 더불어 유가 둘이 없음을 겸하여 얻기에 그런 까닭으로 단멸이 아니다.[82]

세 가지 공의 뜻은 『보성론』 제사권[83]에 밝힌 바와 같다.

鈔

三種空者는 卽寶性論第四云호대 若散亂心으로 失空衆生者인댄 謂初發心菩薩이 離空如來藏義하고 以失變壞物에 修行이 名爲空解脫門이라 此明何義고 初發心菩薩이 起如是心호대 實有法可滅하고

---

[82] 원문에 겸득공여유불이兼得空與有不二새 고비단멸故非斷減이라고 한 것은 겸득兼得이란 둘이 없다는 말이 처음에는 공空과 색色이 둘이 없음을 잡았고, 두 번째는 이섭異攝을 떠났으나 그러나 공과 유가 둘이 없음을 겸하여 얻은 까닭으로 단멸을 떠났다는 것이니 곧 처음에 이공二空을 떠난 것이다. 비단멸非斷減이란 이공二空 가운데 다른 공의 뜻은 둘이 없는 가운데 스스로 보낸 까닭으로 다만 처음 공의 뜻만 나타낸 것이다.

[83] 『보성론寶性論』 제사권第四卷이란, 무량번뇌소전품無量煩惱所纏品이다.

後時得涅槃인댄 如是菩薩은 失空如來藏하고 修行하니라 又有人이 以空爲有物하야 我應得空이라하며 又生如是心호대 離色等法하야 別更有空이라하야 我應修行은 彼人不知空이라하니 今疏에 二當第三하고 三當第二하나니 爲順論中에 三種謗故니라 又取意引이니 對文可知니라 然般若經中에 四句로 正遺此三空疑하니 一은 疑空滅色일새 故以色卽是空으로 遣之요 二는 疑空異色일새 故以色不異空空不異色으로 遣之요 三은 疑空是物일새 今明空卽是色이니 故非別有空也니라 今云有者는 四에 引論別釋也라 然論에 先列三病은 卽返問辯非요 後에 列三名治之는 卽順問彰是라 今初論云호대 自體空者는 可如是取인댄 如兎角耶아 不也니라 可如是取인댄 異此空智하야 更有異空耶아 不也니라 可如是取인댄 有彼此自體와 彼此轉滅耶아 不也니라하며 後順問彰是云호대 云何取此自體空고 有不二不盡하니 如是取니라 此句는 顯離三種空攝이니 一은 離謗攝이요 二는 離異攝이요 三은 離盡滅攝이라하니라 釋曰上論은 先擧所揀하고 以經對治어니와 今疏엔 乃分其能治所治하고 兼經五字하야 一一對釋하니 於義易了니라 如云호대 今云有者는 牒經이요 卽初離謗攝者는 擧論立名이요 不謂斷滅ㅏ는 明離前過니라 如兎角者는 卽前可如是取인댄 如兎角耶요 其不謂兩字는 卽前不也二字요 斷滅兩字는 卽取三空亂意中에 第一亂意하야 會同論文이니 下之二攝은 例此可知니라 但觀上所引論文인댄 自分主客이리라 二는 卽疑空異色이요 三은 卽疑空是物이니 謂空爲有니라

세 가지 공이라고[84] 한 것은 곧 『보성론』제사권에 말하기를 만약

산란한 마음으로 공을 잃은 중생이라고 한다면 말하자면 처음 발심한 보살이 공여래장의 뜻을 버리고 잃음으로써 변하여 괴멸하는[85] 사물에 수행하는 것이 이름이 공해탈문[86]이 되는 것이다.

이것은 무슨 뜻을 밝힌 것인가.

처음 발심한 보살이 이와 같은 마음을 일으키되 진실로 법 가히

---

[84] 세 가지 공이라고 한 앞에 다른 본에는 아래 구절은 별別이라고 한 아래는 이 한 구절을 해석한 것이니 소문에 여섯 가지가 있다. 처음에는 『십지론경』을 회통한 것이고 두 번째 해석하여 말하기를 이라고 한 아래는 『십지론』을 이끌어 표석한 것이고 세 번째 세 가지 공이라고 한 아래는 저 논을 이끌어 증거하여 성립한 것이고 네 번째 지금에 있다고 말한 아래는 『십지론』을 이끌어 따로 해석한 것이고 다섯 번째 지금 경에는 有 자가 빠졌다고 한 아래는 지금에 경문을 회통한 것이고 여섯 번째 세 가지 공의 뜻이라고 한 아래는 널리 있다는 것을 맺는 것이다. 처음에 두 가지는 가히 알 수가 있을 것이다. 세 번째 가운데라는 말이 있기도 하다.

[85] 원문에 이실변괴물以失變壞物이라고 한 것은 말하자면 공여래장을 잃은 까닭으로 변하여 괴멸하는 사물에 수행하는 것은 이것은 단멸공여래장斷滅空如來藏이 되는 것이다. 『보성론』에는 이실하以失下에 故 자가 있다. 『잡화기雜華記』에는 失 자는 공여래장을 잃은 까닭이요, 변괴물變壞物이라고 한 것은 이미 공여래장을 잃고 공의 모습을 잘못 알아 수행한다면 곧 이것은 가히 영원하고 가히 항구적인 법이 아닌 까닭으로 배척하여 변괴물變壞物이라 한다고 강사는 말한다. 그러나 『사기私記』 主는 변괴물變壞物이라고 한 것은 색을 제멸하고 공을 구하는 까닭이요, 失이라고 한 것은 색을 제멸하고 공을 구하는 것이 그 과실過失이니 변하여 괴멸하는 사물에 수행하는 것이 과실이다. 또한 가히 변하여 괴멸하는 사물을 잘못 알아 공의 행을 삼는 것이 그 과실이다 하였다.

[86] 공해탈문空解脫門이라고 한 것은 단멸공해탈문이다.

제멸함이 있고서 뒤에 열반을 얻는다고 한다면 이와 같은 보살은 공여래장을 잃고 수행하는 것이다.

또 어떤 사람이 공으로써 사물이 있음을 삼아 내가 응당 공을 얻었다 하며

또 이와 같은 마음을 생기하되 색 등의 법을 떠나 따로 다시 공이 있다 하여 내가 응당 수행하는 것은 저 사람이 공을 알지 못하는 것이다 하였으니

지금 소문에 제 두 번째[87]는 여기 제 세 번째에 해당[88]하고, 제 세 번째[89]는 여기 제 두 번째에 해당[90]하나니 『십지론』 가운데 세 가지 비방을[91] 수순한 까닭이다.

또 뜻을 취하여 인용한 것이니 소문을 상대하면 가히 알 수가 있을 것이다.

그러나 『반야심경』 가운데 네 구절로 바로 이 삼공三空의 의심을 보내는 것이니[92]

---

87 원문에 소문제이疏文第二라고 한 것은 영인본 화엄 9책, p.318, 2행에 의공이색 疑空異色 운운이다

88 원문에 당제삼當第三이라고 한 것은 여기 『보성론』 第三이니 영인본 화엄 9책, p.320, 1행에 우생여시심又生如是心 운운이다.

89 원문에 소문제삼疏文第三이라고 한 것은 영인본 화엄 9책, p.318, 3행에 의공시물疑空是物 운운이다.

90 원문에 당제이當第二라고 한 것은 여기 『보성론』 第二이니 영인본 화엄 9책, p.320, 1행에 유인이공有人以空 운운이다.

91 『십지론』 가운데 세 가지 비방이라고 한 것은 세 가지 공섭空攝이니 소문에 있다.

첫 번째는 공에는 색이 없다고 의심하기에 그런 까닭으로 색이 곧 공이라는 것으로써 그것을 보내는 것이요

두 번째는 공이 색과 다르다고 의심하기에 그런 까닭으로 색이 공과 다르지 않고 공이 색과 다르지 않다는 것으로써 그것을 보내는 것이요

세 번째는 공이 이 사물이라고 의심하기에 지금에 공이 곧 이 색임을 밝힌 것이니

그런 까닭으로 따로 공이 있는 것이 아니다.

지금에 있다고 말한 것이라고 한 것은 네 번째 『십지론』을 인용[93]하여 따로 해석한 것이다.

그러나 『십지론』에 먼저 세 가지 병[94]을 열거한 것은 곧 도리어 질문하여 그름을 분별한 것이요

뒤에 세 가지 이름을 열거하여 다스린 것은 곧 순리대로 질문하여 옳음을 밝힌 것이다.

지금은 처음[95]으로 『십지론』에 말하기를 자체가 공한 것이라고 한

---

92 원문에 반야경중사구般若經中四句로 정견차삼공의正遣此三空疑라고 한 것은 능치能治를 이끌어 현시한 것이니, 처음과 뒤의 이공二空은 각각 능치能治가 일구一句이고, 두 번째 공空은 능치能治가 이구二句이다. 그런 까닭으로 사구四句가 있는 것이다.

93 원문에 인론引論이라 한 그 論이란, 『십지론十地論』이다.

94 원문에 삼병三病이라고 한 것은 9행과 10행에 가여시취可如是取 운운이라고 세 번 말한 것이 삼병三病이다.

95 원문에 금초今初란, 반문反問이다.

것은 가히 이와 같이 취한다면 토끼뿔과 같은가. 아니다.
가히 이와 같이 취한다면 이 공의 지혜와 달라서 다시 다른 공이 있는가. 아니다.
가히 이와 같이 취한다면 피차의 자체와 피차의 전멸이 있는가. 아니다 하였으며
뒤에 순리대로 질문하여 옳음을 밝혀 말하기를 어떤 것이 이 자체가 공함을 취하는 것인가.
둘도 없고 다함도 없음이 있나니 이와 같이 취하는 것이다.
이 구절[96]은 세 가지 공섭을 떠남을 나타낸 것이니
첫 번째는 방섭을 떠나는 것이요
두 번째는 이섭을 떠나는 것이요
세 번째는 진멸섭을 떠나는 것이다 하였다.
해석하여 말하면 위에 『십지론』은 먼저 가릴 바를 열거하고 경으로써 상대하여 다스렸거니와 지금 소문에는 이에 그 능치와 소치를 나누고[97] 경에 다섯 글자[98]를 겸하여 낱낱이 상대하여 해석하였으니 그 뜻은 쉽게 알 수가 있을 것이다.

---

96 원문에 차구此句란, 유불이부진구有不二不盡句이다.
97 원문에 금소내분기능치소치今疏乃分其能治所治라고 한 것은 『십지론』은 먼저 세 가지 소치所治를 합하여 밝혔고, 뒤에는 세 가지 능치能治를 합하여 밝혔거니와 그러나 지금에 소문疏文은 곧 삼단三段 가운데 낱낱이 능치能治와 소치所治를 같이 밝힌 까닭으로 저 소치所治의 세 가지와 능치能治의 세 가지를 나눈다 말한 것이다.
98 원문에 오자五字란, 무이역무진無二亦無盡이니 『십지경十地經』에는 유불이부진有不二不盡이라 하였다.

저 소문에 말하기를 지금에 있다고 말한 것은 경문을 첩석한 것이요
곧 처음에 방섭을 떠나는 것이라고 한 것은 『십지론』을 들어 이름을 세운 것이요

단멸을 말하는 것이 아니라고 한 아래는 앞[99]에 허물을 떠남을 밝힌 것이다.

토끼뿔과 같다고 한 것은 곧 앞에 가히 이와 같이 취한다면 토끼뿔과 같은가 한 것이요

말하는 것이 아니라고 한 두 글자는 곧 앞에 아니다(不也) 한 두 글자요

단멸斷滅[100]이라고 한 두 글자는 곧 삼공三空의 산란한 뜻 가운데 첫 번째 산란한 뜻[101]을 취하여 회통하여 『십지론』 문과 같게 하는 것이니

아래 두 가지 섭攝[102]은 여기에 비례하면 가히 알 수가 있을 것이다. 다만 상래에 인용한 바 『십지론』 문을 관찰한다면 스스로 주객을 나눌 수[103] 있을 것이다.

두 번째는 곧 공이 색과 다르다고 의심하는 것이요

---

99 앞이란, 의공멸색疑空滅色이다.
100 단멸斷滅이라고 한 두 글자는 『십지론十地論』에는 없지만 그러나 소문疏文 중에는 있는 까닭으로 곧 삼공三空의 산란한 뜻이라는 말을 취한 것이다. 즉 삼공三空에 대하여 요란하게 의심한다는 뜻이다.
101 원문에 제일란의第一亂意란, 의공멸색疑空滅色이다.
102 원문에 이섭二攝이란, 이이섭離異攝과 이진멸섭離盡滅攝이다.
103 원문제 자분주객自分主客이라고 한 것은 삼단三段을 통지通指하는 것이다.

세 번째는 곧 공이 이 사물이라고 의심하는 것이니
공을 일러 유라고 하는 것이다.

此明非滅下는 此有兩釋하니 今是第一釋이라 由論云彼此自體故로 以空爲此하고 智爲彼하니 旣離盡滅故로 非滅有體之智等이니라 亦非空有物하야 可轉滅者는 卽第二釋이라 前釋은 雙就智空上하야 論盡滅이요 今就空上하야 論盡滅이니 正順上第三에 謂空爲有謗이니 不異約智하야 論有也니라 離此三空下는 結成正義라 然正義尙難이니 初二是有요 後義非有니 自互相違어니 何成正義리요할새 故說正義니라 智相是有요 智性說空이니 今此智空이 由有三德하야 離上三謗이니 一은 相作義니 故離初謗攝이니 謂若無智인댄 則無有空이요 若無眞空인댄 智不成立故며 若諸法不空인댄 卽無道無果라 故中論云호대 以有空義故로 一切法得成이라하니 故論經云호대 有는 能離謗攝이라 旣空能成有인댄 豈待滅智하야 方成空耶리요 二는 不相礙義니 是故不異니라 異卽有가 礙於空이니 定性有故요 空이 礙於有니 定性無故니라 旣不相礙일새 故非色外에 別更有空이니 故離異攝이니라 三은 相違義니 以體非有일새 故無可盡거니 安謂空爲有耶리요 故初則廢他成己일새 故有空이요 後則廢己成他일새 故非有空이라 由初有故로 不無요 由後無故로 非有니 非有非無가 是中道義니라 故此空有가 豈得異耶리요 由空義故로 與智非一이요 由前二義일새 與智非異니 非一非異가 是中道故니라 故此眞空은 是智之體요 體相無二는 爲智之相이니 是同相也니라 同相은 卽是空如來藏이요 空如來藏은 卽性淨涅槃이니 其揆一耳니라 今闕有字下는 第五에 會通經

文이니 此句徵也라 此有二意下는 釋이니 初意는 以不盡字로 攝有字니 前明不盡是無일새 故無可盡이니 則離謂空爲有過요 今明有體故로 不盡이니 則離斷滅過니라 二者下는 第二意니 卽以無二字로 攝有字니 以是有無不二일새 故離斷滅이니라 於中에 先은 出論文이요 次에 意云下는 釋論이요 後에 今經亦無定字下는 會釋今經이니 離前二空者는 一은 謂有無不二故로 離於異攝이니 二卽異故니라 義如前說하니라 二者는 有無가 旣其不二거니 豈滅有明無리요할새 故離斷滅이니라 雖有二意나 後意最親하니라

이것은 자체가 있는 지혜를 제멸하여 자체가 있는 공을 이룬 것이 아니라고 함을 밝힌 아래[104]는 여기에 두 가지 해석이 있나니[105] 지금에는 첫 번째 해석이다.
『십지론』에 피차의 자체라고 말함을 인유한 까닭으로 공으로써 이것(此)을 삼고 지혜로써 저것(彼)을 삼나니

---

104 원문에 하자下者라고 한 者 자는 衍이다.
105 원문에 차유이석此有二釋이라고 한 것은 잠깐 간조看照하건대 처음에 해석은 피차彼此의 자체를 해석하고, 뒤에 해석은 피차彼此가 전멸하는 것이 아님을 해석한 것인 듯하다. 처음 해석 가운데도 또한 단멸의 뜻이 있는 까닭이다. 다만 피차의 자체와 피차가 전멸하는 것을 처음에는 함께 공과 지혜로써 해석하고, 뒤에는 다만 공만 잡아서 해석하였다. 뒤의 해석에 다만 공만 잡아서 해석하였다고 한다면 어찌하여 피차를 말하는가 하니, 공에 사물이 아닌 공이 있다고 보는 것은 此이고, 저 사물이 있는 공에 집착하는 바는 彼이니, 지금에는 저 사물이 있는 공을 제멸하여 이 사물이 없는 공을 이룬 것이 아니라는 것이다.

이미 진멸을 떠난 까닭으로 자체가 있는 지혜를 제멸하여 자체가 있는 공을 이룬 것이 아니라고 한 등이다.

또한 공이 사물이 있어서 가히 전멸하는 것이 아니라고 한 아래는 곧 제 두 번째 해석이다.

앞에 해석은 지혜와 공의 분상에 함께 나아가서 진멸을 논한 것이요 지금에 해석은 공의 분상에 나아가서 진멸을 논한 것이니

위에 제 세 번째 공을 일러 유라고 하는 비방을 바로 따른 것이니 지혜를 잡아 있다고 논한 것과 다르지 않는[106] 것이다.

이 세 가지 공을 떠난다면이라고 한 아래는 바른 뜻을 맺어 성립한 것이다.

그러나 바른 뜻이 오히려 어렵나니

처음에 두 가지 뜻[107]은 이것은 있는 것[108]이요

뒤에 뜻은 있지 않는 것[109]이니 스스로 서로서로 어기거니 어찌 바른 뜻을 이루겠는가 하기에 그런 까닭으로 바른 뜻을 설한 것이다.

---

106 원문에 불이不異라고 한 異 자는 『유망기』에 衍이라 하고, 이 소가의 해석이 제 세 번째 비방을 바로 따른 것이니, 지혜를 잡아 있다고 논한 것이 아니다 하였다. 異 자가 있어야 한다면 전혀 다른 반대의 뜻이 된다 하겠다.
107 원문에 초이初二라고 한 것은 삼공三空 가운데 初二이다.
108 원문에 초시유初二是有라고 한 것은 단멸의 공과 색色과 다르다는 공을 깨뜨리는 까닭으로 이 有인 空이다.
109 원문에 후의비유後義非有라고 한 것은 공을 일러 유라고 하는 것을 깨뜨리는 까닭으로 이 非有인 空이다.

지혜의 모습은 이것은 있는 것이요
지혜의 자성은 공을 설한 것이니
지금에 이 지혜와 공이 세 가지 덕이 있음을 인유하여 위에 세 가지 비방을 떠나는 것이니
첫 번째는 서로 짓는 뜻이니
그런 까닭으로 처음에 방섭謗攝을 떠나는 것이니 말하자면 만약 지혜가 없다고 한다면 곧 공이 없을 것이요
만약 진공이 없다고 한다면 지혜가 성립할 수 없는 까닭이며
만약 모든 법이 공하지 않다고 한다면 곧 도道도 없고 과果도 없을 것이다.
그런 까닭으로 『중론中論』에 말하기를 공의 뜻이 있는 까닭으로 일체법을 이룸을 얻는다 하였으니
그런 까닭으로 『십지론경』에 말하기를 있다(有)고[110] 한 것은 능히 방섭을 떠나는 것이다.
이미 공이 능히 유를 성립한다면 어찌 지혜가 사라짐을 기다려서 바야흐로 공을 설하겠는가.
두 번째는 서로 걸리지 않는 뜻이니
이런 까닭으로 다르지 않는 것이다.
다르다고 한다면 유가 공에 걸리는 것이니 결정된 자성이 있는 까닭이요

---

110 원문에 논경운유능리論經云有能離 운운은 게송에 有不二라 한 有 자를 가리키는 것이다.

공이 유에 걸리는 것이니 결정된 자성이 없는 까닭이다.
이미 서로 걸리지 않기에 그런 까닭으로 색 밖에 달리 다시 공이 있는 것이니 그런 까닭으로 이섭異攝을 떠나는 것이다.
세 번째는 서로 어기는[111] 뜻이니
자체가 있는 것이 아니기에 그런 까닭으로 가히 다할 수 없거니 어찌 공을 일러 유라 하겠는가.
그런 까닭으로[112] 처음에 두 가지 뜻은 곧 다른 것을 폐지하고 자기[113]를 이루기에[114] 그런 까닭으로 유인 공이요
뒤에 뜻은 곧 자기를 폐지하고 다른 것을 이루기에[115] 유인 공이 아니다.
처음에 두 가지 뜻은 유를 인유한 까닭으로 없지 않는 것이요 뒤에 한 가지 뜻은 무를 인유한 까닭으로 있지 않는 것이니,

---

111 원문에 상위相違라고 한 것은 여기에서 서로 어긴다고 한 것은 공과 지혜가 하나는 있고 하나는 있지 않다 하는 까닭으로 그 자체가 서로 어기는 것이니, 위에 질문 가운데(영인본 화엄 9책, p.322, 6행)서 서로 어긴다고 한 글자로 더불어는 다름이 있나니 잘 살펴보라.
112 원문 故 자 아래 이진멸섭離盡滅攝이라는 네 글자(四字)가 빠진 듯하다고 『유망기』는 말한다.
113 원문에 他는 色이고, 己는 空이다.
114 원문에 폐타성기廢他成己라고 한 것은 色卽是空이며 色不異空故로 廢他成己니라. 즉 색이 곧 공이며 색이 공과 다르지 않는 까닭으로 다른 것을 폐지하고 자기를 이룬다는 것이다.
115 원문에 폐기성타廢己成他라고 한 것은 空卽是色이며 空不異色故로 廢己成他니라. 즉 공이 곧 색이며 공이 색과 다르지 않는 까닭으로 자기를 폐지하고 다른 것을 이룬다는 것이다.

있지도 않고 없지도 않는 것이 이것이 중도의 뜻이다.
그런 까닭으로 이 공과 유가 어찌 다름을 얻겠는가.
공의 뜻을 인유한 까닭으로[116] 지혜로 더불어 하나가 아니요
앞에 두 가지 뜻을 인유하기에 지혜로 더불어 다르지 않나니,
하나도 아니고 다르지도 않는 것이 이 중도인 까닭이다.
그런 까닭으로 이 진공은[117] 이 지혜의 자체요
자체와 모습이 둘이 없는 것은 지혜의 모습이 되나니 이것은 동상同相이다.
동상은 곧 공여래장이요 공여래장은 곧 성정열반이니 그 법은 하나이다.[118]

---

116 원문에 유공의由空義 운운은 이 위에는 곧 오직 공의 분상에 나아가 있지도 않고 없지도 않는 것으로써 중도中道를 밝혔고, 여기는 곧 공空과 지혜를 함께 상대하여 하나도 아니고 다르지도 않는 것으로써 중도中道를 밝혔으니 가히 알 수 있을 것이다. 이상은 『잡화기雜華記』의 뜻이다. 『유망기遺忘記』에 말하기를 由空義라고 한 것은 後義에 있지 않다(영인본 화엄 9책, p.322, 6행)는 것이니, 있지 않는 까닭으로 공이라 말하고 있지 않는 공은 지혜로 더불어 하나도 아니고, 유에 즉한 공은 지혜로 더불어 다르지도 않는 것이다 하였다.

117 원문에 고차진공故此眞空 등이라고 한 것은 만약 다만 後義에 있지 않다고 한 것은 이 지혜의 자체이고, 初二에 있다고 한 것은 이 지혜의 모습이라고만 한다면 자체와 모습이 서로 즉한다는 뜻이 없는 까닭으로 여기에서 진공이 이 지혜의 자체라고 하였다면 이것은 모습에 즉한 자체이고, 자체와 모습이 둘이 없는 것은 이 지혜의 모습이라고 하였다면 이것은 자체에 즉한 모습이라 하겠다.

118 원문에 기규일이其揆一耳라고 한 것은 고차진공故此眞空으로 여기까지는

지금 경에는 유有 자가 빠졌다고 한 아래는 제 다섯 번째 경문을 회통한 것이니

이 구절은 묻는 것[119]이다.

여기에 두 가지 뜻이 있다고 한 아래는 해석한 것이니

처음에 뜻은 다함이 없다는 글자로써 유有 자를 섭수한 것이니

앞에는 다함이 없다는 것이 이 무無임을 밝히기에 그런 까닭으로 가히 다할 수 없다는 것이니 곧 공을 일러 유라고 하는 허물을 떠나는 것이요

지금에는 자체가 있음을 밝히는 까닭으로 다할 수 없다는 것이니 곧 단멸의 허물을 떠나는 것이다.

두 번째라고 한 아래는 제 두 번째 뜻이니

곧 둘이 없다[120]고 한 글자로써 유有 자를 섭수한 것이니

이것은 유와 무가 둘이 없기에 그런 까닭으로 단멸을 떠나는 것이다.

그 가운데 먼저는 『십지론』문을 설출한 것이요

다음에 그 뜻에 말하기를이라고 한 아래는 『십지론』을 해석한 것이요

뒤에 지금 경에는 또한 정定 자가 없다고 한 아래는 지금 경을

영인본 화엄 9책, p.318, 7행에 이차삼공離此三空하면 즉견자성본공공여래장卽見自性本空空如來藏이라 한 소문疏文을 맺는 것이라 하겠다.

119 원문에 차구징此句徵이라고 한 것은 今闕有字하니 如何會通고, 즉 이 구절은 묻는 것이라고 한 것은 지금 경에는 有 자가 빠졌거니 어떻게 회통해야 하는지 묻는 것이다.

120 원문에 무이無二란, 今經文이다.

회통하여 해석한 것이니

앞에 두 가지 공을 떠나는 것이라고 한 것은 첫 번째는 말하자면 유와 무가[121] 둘이 아닌 까닭으로 이섭異攝을 떠나는 것이니 둘[122]이 곧 다른 까닭이다.

그 뜻은 앞에서 설한 것과 같다.[123]

두 번째는 유와 무가 이미 둘이 아니거니 어찌 유를 제멸하고 무를 밝히겠는가 하기에 그런 까닭으로 단멸을 떠나는 것이다.

비록 두 가지 뜻이 있지만 뒤에 뜻이 가장 가까운 것[124]이다.

疏

二에 有六句는 明不同相者는 卽方便淨涅槃이라

두 번째 여섯 구절이 있는 것은 같지 않는 모습을 밝힌 것[125]이라고

---

121 원문 유무有無 아래에 不 자가 빠졌다.
122 둘이란, 有와 無이다.
123 그 뜻은 앞에서 설한 것과 같다고 한 것은 영인본 화엄 9책, p.318, 8행에 두 가지 뜻 가운데 첫 번째 뜻이다. 혹은 같은 책 p.318, 4행에 둘도 없다고 한 것은 이섭異攝을 떠나는 것이니 운운한 것이라고도 한다.
124 원문에 후의최친後意最親이라고 한 것은 둘이 없다는 글자로써 있다는 글자를 섭수하는 것(以無二字 攝有字)이 가장 가깝다는 것이다. 以無二字로 攝有字가 第二意로 後意이다. 즉 둘이 없다는 글자로써 있다는 글자를 섭수하는 것이 제 두 번째 뜻으로써 뒤에 뜻이다.
125 원문에 二에 유육구有六句라고 한 것은 영인본 화엄 9책, p.314, 2행에는 후육구後六句는 부동상不同相이라 하였다.

한 것은 곧 방편정열반이다.

鈔

二에 有六句者는 疏文有三하니 一은 總彰大意라 文中有三하니 初出體니 卽方便淨涅槃은 對前性淨이라 方便有二하니 一은 對因彰果니 從因方便으로 而修得故요 二는 對體起用이니 作用差別일새 故名方便이요 方便卽寂일새 故稱涅槃이라

두 번째 여섯 구절이 있다고 한 것은 소문에 세 가지가 있나니 첫 번째는 큰 뜻을 한꺼번에[126] 밝힌 것이다.
소문 가운데 세 가지가 있나니
처음에는[127] 자체를 설출한 것이니
곧 방편정열반이라고 한 것은 앞에 성정열반을 상대한 것이다.
방편에 두 가지가 있나니
첫 번째는 원인을 상대하여 결과[128]를 밝힌 것이니
원인의 방편을 좇아 닦아 얻는 까닭이요
두 번째는 자체를[129] 상대하여 작용을 일으키는 것이니

---

126 원문 대의大意라고 한 아래에 다른 본에는 두 번째는 문장을 따라 해석한 것이고 세 번째는 모두 맺어 회통하는 것이라는 말이 있기도 하다.
127 처음 운운은 두 번째는 이름을 해석한 것이고 세 번째는 방해하여 비난함을 통석한 것이다.
128 원문에 因은 방편方便이고, 果는 열반涅槃이다.
129 자체 운운은 자체는 성정性淨이고 작용은 방편이다.

작용이 차별하기에 그런 까닭으로 방편이라 이름하고, 방편이 곧 고요하기에 그런 까닭으로 열반이라 이름하는 것이다.

疏

斷惑平等일새 不同凡小요 而能斷故로 不同外境이 但是所證이요 有相異故로 不同於空이라

번뇌를 끊고 평등하기에 범부와 소승과는 같지 않는 것이요
능히 끊는 까닭으로 밖의 경계가 다만 이 소증所證인 것과는 같지 않는 것이요
모습이 다름이 있는[130] 까닭으로 공과는 같지 않는 것이다.

鈔

斷惑平等下는 第二에 釋名이라 釋此不同은 對於前同이니 前同有三하고 今亦有三하대 而少開合하니 一은 對下同衆生이라 言斷惑平等者는 斷惑은 異凡이요 平等은 異小乘이니 小乘은 不斷法執일새 故非平等이라 又謂有惑可斷이라하야 不解無斷而斷이니와 今皆反此일새

---

[130] 원문에 유상이有相異 운운은 그 뜻은 이 방편정열반 가운데는 차별한 모습이 다름이 있는 까닭으로 공법空法이 일향一向에 차별이 없는 것과는 같지 않는 것이다. 뒤에 소증所證은 소증법계所證法界이고, 여기에 상이相異는 능단能斷과 소단所斷(證)의 모습이 다르다 하고 혹은 相은 지지상地智相이고 空은 제법중공諸法中空이라고도 하나니 생각해 볼 것이다.

故云平等이라하니라 二에 而能斷者는 以其外境이 但是所證이니 卽對前橫同諸法이라 然諸法中에 含其有無일새 故開爲二어니와 今對有境인댄 質礙之境은 不能斷惑일새 但是所證이니라 三에 有相異者는 卽前諸法中에 含此無法이라 又加此空者는 前約性淨일새 同空義多어니와 今方便淨은 同空義少일새 故云不同於空이라하니라 不云不同諸佛者는 此多同佛故니라

번뇌를 끊고 평등하다고 한 아래는 제 두 번째 이름을 해석한 것이다. 여기에 같지 않는 모습을 해석한 것은 앞에 같은 모습을 상대한 것이니

앞의 같은 모습에도 세 가지[131]가 있고 지금 같지 않는 모습에도 세 가지가 있으되 조금 열기도 하고 합하기도 하였으니

첫 번째는 아래로 중생과 같다고 함을 상대한 것이다.

번뇌를 끊고 평등하다고 말한 것은 번뇌를 끊는다고 한 것은 범부와 다른 것이요

평등하다고 한 것은 소승과 다른 것이니

소승은 법집을 끊지 못하였기에 그런 까닭으로 평등하지 못한 것이다.

또 말하기를 번뇌 가히 끊을 것이 있다 하여 끊음이 없이 끊는 줄 알지 못하거니와 지금에는 다 이와 반대이기에 그런 까닭으로

---

131 원문에 전동유삼前同有三이라고 한 것은 上同諸佛, 下同衆生, 橫同諸法이니 즉 위로는 모든 부처님과 같고 아래로는 모든 중생과 같고 횡으로는 모든 법과 같다고 한 것이니 영인본 화엄 9책, p.315, 2행에 있다.

말하기를 평등하다 하였다.

두 번째 능히 끊는다고 한 것은 그 밖의 경계가 다만 이 소증所證일 뿐이니 곧 앞에 횡으로 모든 법과 같다고 함을 상대한 것이다. 그러나 모든 법 가운데 그 유와 무를 포함하였기에 그런 까닭으로 열어서 두 가지로 하였거니와 지금에 유의 경계를 상대한다면[132] 질애質碍의 경계는 능히 번뇌를 끊을 수 없기에 다만 이 소증일 뿐이다.

세 번째 모습이 다름이 있다고 한 것은 곧 앞의 모든 법 가운데[133] 이 무의 법을 포함하였다.

또 이 공을 더한 것은 앞에서는 성정열반을 잡았기에 공과 같은 뜻이 많았거니와 지금에 방편정열반은 공과 같은 뜻이 적기에 그런 까닭으로 말하기를 공과는 같지 않는 것이다 하였다.

모든 부처님과 같지 않다고 말하지 아니한 것은 이것은 다분히 부처님과 같은 까닭이다.

---

132 원문에 금대유경今對有境 운운은 有를 여는 가운데 번뇌를 끊는 것이 소증所證과 같지 않고, 無를 여는 가운데 무법無法의 차별한 모습이 空의 일향에 차별이 없는 것과 같지 않나니, 차별의 다른 모습은 무위無爲와 무루無漏와 무분별無分別 등의 법수法數와 같다.

133 곧 앞의 모든 법 가운데 운운은 그 뜻인즉 곧 앞의 모든 법 가운데 이 무의 법을 포함하였으나 그러나 지금에는 이미 다름이 있는 까닭으로 이 무의 법과는 같지 않다는 것이다.

疏

涅槃은 是果거니 此가 云何是고 約分證故니라 又是所依果海니 如下十山十德이 不離海故니 此當義大의 不可說故니라 今明地 智는 應是菩提어늘 那言涅槃고 若分相門인댄 則所證爲涅槃이어 니와 今顯相融일새 即智之性이 爲性淨涅槃이요 智出惑障이 爲方 便淨涅槃이라 二而不二니 難說甚深이 良在於此니라

열반은 이 결과이거니 이것이 어떻게 옳겠는가.
분증分證을 잡은 까닭이다.
또 이것은 의지하는 바 과해果海이니
아래에 십산十山과 십덕十德이 바다를 떠나지 않았다고 한 것과 같은 까닭이니
이것은 의대義大의 가히 말할 수 없음에 해당하는 까닭이다.
지금에 십지의 지혜를 밝힌 것은 응당 이 보리라 해야 할 것이어늘 어찌 열반이라 하는가.
만약 상문相門을 나눈다면 곧 소증所證이 열반이 되거니와 지금에는 서로 융합함을 나타내기에 지혜에 즉한 자성이 성정열반이 되고 지혜가 번뇌의 장애를 벗어난 것이 방편정열반이 되는 것이다. 이것이 둘이지만 둘이 아니니 그 깊고도 깊음을 말하기 어려운 것이 진실로 여기에 있는 것이다.

鈔

涅槃是果下는 三에 通妨難이라 而文有二妨하니 一은 以果違因妨이니 先은 問이요 後에 約分證下는 答이라 答有三義하니 文並可知니라 今明地智下는 第二에 所證違智妨이니 亦先은 問이요 後에 若分相下는 答이니 大意可知니라 然約相融인댄 凡是一法이 卽攝一切니 若以涅槃爲門인댄 涅槃이 攝一切法이요 若以菩提爲門인댄 菩提가 攝一切法이요 若法身爲門인댄 法身이 攝一切法이어니와 今約地智인댄 地智門中에 攝一切法이니 智相은 卽同菩提요 智性은 卽同涅槃이니 今取卽相之性일새 故同與不同이 皆名涅槃이니라 二而不二者는 性與相殊나 而復相卽故니라 難說甚深者는 欲言菩提나 卽同涅槃이요 欲言涅槃이나 卽說爲智니 互融雙絶하야 難以一事當之니라 故理圓言偏이니 理與言絶이 爲難說耳니라

열반은 이 결과라고 한 아래는 세 번째 방해하여 비난함을 통석한 것이다.
소문에 두 가지 방해하여 비난함이 있나니
첫 번째는 결과가 원인을 어긴다[134]고 방해하여 비난한 것이니 먼저는 물은 것이요
뒤에 분증을 잡은 까닭이라고 한 아래는 답한 것이다.

---

134 원문에 이과위인以果違因이라고 한 것은 묻는 뜻에 말하기를 지금 여기는 십지의 지혜이다. 응당 보리라 해야 할 것인데 어찌하여 다만 열반이라고만 말하는가 하는 것이다. 즉 열반은 果이고 보리는 因이라고 보는 관점이다.

답함에 세 가지 뜻[135]이 있나니
소문을 보면 아울러 가히 알 수가 있을 것이다.

지금에 십지의 지혜를 밝힌 것이라고 한 아래는 제 두 번째 소증이
지혜를 어긴다고 방해하여 비난한 것이니
또한 먼저는 물은 것이요
뒤에 만약 상문을 나눈다면이라고 한 아래는 답한 것이니
대의는 가히 알 수가 있을 것이다.
그러나 서로 융합함을 잡는다면 무릇 이 한 법이 곧 일체법을 섭수하
나니
만약 열반으로써 문門을 삼는다면 열반이 일체법을 섭수할 것이요
만약 보리로써 문門을 삼는다면 보리가 일체법을 섭수할 것이요
만약 법신으로써 문門을 삼는다면 법신이 일체법을 섭수할 것이어
니와
지금에 십지의 지혜를 잡는다면 십지의 지혜문(門) 가운데 일체법을
섭수하나니
지혜의 모습은 곧 보리와 같고 지혜의 자성은 곧 열반과 같나니,
지금에는 모습에 즉한 자성을 취하기에 그런 까닭으로 같은 모습과
더불어 같지 않는 모습이 다 이름이 열반인 것이다.

---

135 원문에 삼의三義란, 約分證故와 又是所依果海와 此當義大不可說이니, 즉
　　분증을 잡은 까닭이라 한 것과 또 이것은 의지하는 바 과해라 한 것과
　　이것은 의대의 가히 말할 수 없음에 해당하는 까닭이라 한 것이다.

이것이 둘이지만 둘이 아니라고 한 것은 자성[136]과 더불어 모습[137]이 다르지만 다시 서로 즉하는 까닭이다.

그 깊고도 깊음을 설하기 어렵다고 한 것은 보리라 말하고자 하지만 곧 열반과 같고, 열반이라 말하고자 하지만 곧 지혜라 말하나니 서로 융합하여 함께 끊어져 한 가지 사실로써 해당시키기 어려운 것이다.

그런 까닭으로 진리는 원융하고 말은 치우치나니 진리와 더불어 말이 끊어진 것이 설하기 어려움이 되는 것이다.

疏

文中에 解脫是總이요 餘皆是別이라 總은 謂淨相解脫이니 故異前也니라 寶性論第四云호대 淸淨有二種하니 一은 自性淸淨이니 謂性解脫이라하니 卽前同相이요 二는 離垢淸淨이니 謂得解脫이라하니 卽此淨相解脫이라

경문 가운데 해탈이라고 한 것은 이 총이요
나머지[138]는 다 별이다.
총이라고 한 것은 정상해탈淨相解脫을 말하는 것이니
그런 까닭으로 앞에서 말한 것과는 다른 것이다.

---

[136] 원문에 성성이란, 성정열반性淨涅槃이다.
[137] 원문에 상상이란, 방편정열반方便淨涅槃이다.
[138] 나머지란, 열반평등 이하 五句이다.

『보성론』 제사권에 말하기를 청정에 두 가지가 있나니
첫 번째는 자성청정이니
말하자면 자성해탈이다 하였으니 곧 앞에 동상同相이요
두 번째는 이구청정離垢淸淨이니
말하자면 해탈을 얻는 것이다 하였으니 곧 이것은 정상해탈淨相解脫[139]이다.

鈔

文中解脫是總下는 隨文解釋이라 先은 解總句니 異前同相也니라 寶性論下는 引論成立이라 此論前에 有偈云호대 佛身不捨離 淸淨眞妙法호미 如虛空日月하야 智離染不二라하니 論云호대 此偈는 明何義고 向說轉身이 實體淸淨이라 又淸淨者는 略有二種하니 何等爲二고 一者는 自性淸淨이요 二者는 離垢淸淨이라 自性淸淨者는 謂性解脫이니 無所捨離니라 以彼自性淸淨心體가 不捨一切客塵煩惱하며 以彼解脫이 不離一切法호미 如水不離諸塵垢等이나 而言淸淨은 以自性淸淨心이 遠離諸煩惱垢하야 更無染故니라 又依彼果인댄 離垢淸淨故라 云云하니라 若無上依經第一인댄 亦明四德호대 各有二義하니 淨有二者는 一은 自性淸淨이니 是其通相이요 二는 無垢淸淨이니

---

[139] 원문에 정상해탈淨相解脫이라고 한 것은 十地論云호대 何者不同相고 謂淨相解脫이라 此復有二種하니 一은 何處得解脫이요 二는 云何解脫이라. 즉 『십지론』에 말하기를 어떤 것이 같지 않은 모습인가. 말하자면 정상해탈이다. 여기에 다시 두 가지가 있나니 첫 번째는 어느 곳에서 해탈함을 얻는가 한 것이고 두 번째는 어떤 것이 해탈인가 한 것이다.

是其別相이라 我有二者는 一은 遠離外道의 邪執我요 二는 離二乘無我라 樂有二種은 一은 斷苦集이요 二는 斷意生身과 諸陰滅이라 常有二種은 一은 離無常斷見이요 二는 離涅槃是常見故니라 上皆取意引經耳니 廣如涅槃章하니라

경문 가운데 해탈이라고 한 것은 이 총이라고 한 아래는 경문을 따라 해석한 것이다.
먼저는 총구를 해석한[140] 것이니 앞에 동상同相과는 다른 것이다. 『보성론』이라고 한 아래는 『보성론』을 인용하여 성립한 것이다. 이 『보성론』 앞에 게송을 두어 말하기를

부처님의 몸이[141] 청정하여 진실로 묘한 법을
버리고 떠나지 않는 것이
마치 허공에 해와 달과 같아서
지혜가 더러움을 떠나 둘이 없다 하였으니

『보성론』에 말하기를 이 게송은 무슨 뜻을 밝힌 것인가. 향래에 전신轉身이[142] 실체가 청정함을 설한 것이다.

---

140 원문 총구總句라고 한 아래 다른 본에는 언이전자言異前者라는 말이 있기도 하다.
141 부처님의 몸이 운운은 이 게송 上半은 이 자성청정의 뜻이고 下半은 이 이구청정의 뜻이다. 혹은 말하기를 四句가 다 자성청정의 뜻에 통하고 이구청정은 여기에 거두지 않는 것이 아닌가 염려한다 하였다.

또 청정하다고 한 것은 간략하게 두 가지가 있나니
어떤 등이 두 가지가 되는가.
첫 번째는 자성청정이요,
두 번째는 이구청정이다.
자성청정이라고 한 것은 말하자면 자성해탈이니
버리고 떠날 바가 없는 것이다.
저 자성청정심의 자체가 일체 객진번뇌[143]를 버리지 아니하며
저 해탈이 일체법을 떠나지 않는 것이 마치 물이 모든 티끌과 때
등等을 떠나지 않는 것과 같지만[144] 청정하다고 말한 것은 자성청정심

---

142 향래에 전신轉身이 운운한 것은 『보성론』 제사권에 말하기를 모든 부처님 여래가 저 무루법계 가운데 일체 가지가지 모든 번뇌를 멀리 떠나고 전전히 더러운 몸을 떠나 청정하고 묘한 몸의 실체를 얻는다고 한 것은 향래에 여래장이 번뇌의 얽힌 바를 떠나지 않고 모든 번뇌의 종자를 멀리 떠나 전신轉身이 청정함을 얻는 것이 이름이 실체가 된다 하였으니 해석하여 말하면 전신은 다만 이구청정에만 국한하고 실체는 이구청정과 자성청정의 두 가지에 통하는 것이다.

143 객진번뇌 운운은 『보성론』 제사권에는 번뇌라는 말 아래 이피본래불상응고以 彼本來不相應故나 이구청정자離垢淸淨者는 위득해탈謂得解脫이라는 말이 더 있다. 그 아래는 여기 초문과 같다.

144 원문에 여수불리제진구등如水不離諸塵垢等이나 이언청정而言淸淨 등이라고 한 것은 이미 일체 번뇌와 그리고 일체법을 떠나지 않았다면 곧 응당 자성이 청정하다고 말하지 않아야 할 것이지만 그러나 청정하다고 말한 것은 바로 아래 두 가지 이유가 있다. 첫 번째는 자성의 청정한 마음이 번뇌를 멀리 떠나 다시 다른 번뇌가 없는 까닭이요, 두 번째는 또 저 과보를 의지한다면 때를 떠나 청정한 까닭이다.

이 모든 번뇌의 때를 멀리 떠나 다시 다른 번뇌가 없는 까닭이다.
또 저 과보를 의지한다면[145] 때를 떠나 청정한 까닭이다 운운云云하
였다.
만약 『무상의경』 제일권이라면 또한 네 가지 덕(四德)[146]을 밝히되
각각 두 가지 뜻이 있나니
정淨에 두 가지가 있는 것은 첫 번째는 자성청정이니
이것은 그 통상通相이요
두 번째는 무구청정이니
이것은 그 별상別相이다.
아我에 두 가지가 있는 것은 첫 번째는 외도가 잘못 아我에 집착함을
멀리 떠나는 것이요
두 번째는 이승이 아我가 없다고 함을 떠나는 것이다.
낙樂에 두 가지가 있는 것은 첫 번째는 고苦와 집集을 끊는 것이요
두 번째는 의생신과 오음을 끊어 제멸한 것이다.
상常에 두 가지가 있는 것은 첫 번째는 무상無常은 단멸한다는 소견을
떠나는 것이요
두 번째는 열반涅槃은 영원하다는 소견을 떠나는 까닭이다.
이상은 다 뜻을 취하여 『무상의경』을 인용한 것이니

---

145 원문에 우의피과又依彼果라고 한 아래는 이 자성의 청정한 것이 과보의
분상에 의지한다면 때를 떠나 청정한 까닭으로 청정하다 말하는 것이다.
상래에서는 다만 자성이 청정한 것만 인용하였고 때를 떠나 청정한 것은
인용하지 아니한 까닭으로 云云이라는 두 글자를 두었다.
146 원문에 사덕四德이란, 상常·락樂·아我·정淨이다.

널리는 열반장涅槃章[147]에 설한 것과 같다.

疏

別中에 以別顯總호대 別有二種하니 一은 何處得解脫고 卽經에 於諸趣也라하니라 此顯所脫이니 謂煩惱는 爲趣緣이요 業은 爲趣因이요 生은 爲趣果라 故三雜染이 皆諸趣攝이니 若脫因緣인댄 則無生果리라

별 가운데 별로써 총을 나타내되 별別이 두 가지가 있나니
첫 번째[148]는 어느 곳에서 해탈함을 얻는가.
곧 이 경에 모든 곳(諸趣)에서 해탈한다 하였다.
이것은 해탈한 바를 나타낸 것이니
말하자면 번뇌는 제취의 조연이 되는 것이요
업은 제취의 원인이 되는 것이요
태어나는 것은 제취의 결과가 되는 것이다.
그런 까닭으로 세 가지 잡염雜染[149]이 다 제취에 섭속하나니
만약 원인과 조연을 벗어난다면 곧 태어나는 결과가 없을 것이다.

---

147 열반장涅槃章이란, 삼현三賢 가운데 열반涅槃을 인용한 부분이다. 혹 출현품出現品 열반장이며, 또 此下 영인본 화엄 9책, p.332, 7행, 『중관론中觀論』 열반품涅槃品이다.
148 첫 번째라고 한 것은 이종정상해탈二種淨相解脫의 첫 번째이다.
149 원문에 삼잡염三雜染이라고 한 것은 번뇌煩惱와 업業과 생生이니, 즉 혹惑·업業·고苦이다. 『불교사전』(운허본), p.417을 참조할 것이다.

鈔

別中以別顯總下는 釋別句라 於中有二하니 先은 釋於諸趣言이라

별 가운데 별로써 총을 나타낸다고 한 아래는 별구를 해석한 것이다. 그 가운데 두 가지가 있나니
먼저는 제취라는 말을 해석한 것이다.

疏

二는 云何解脫고 卽下五句니 此明解脫之體요 五句는 卽顯五種解脫之相이라 一은 等二際니 是觀智相이요 二는 斷煩惱니 是離礙相이요 後三은 體德圓備니 卽是涅槃之相이라

두 번째[150]는 어떤 것이 해탈인가.
곧 아래 다섯 구절[151]이니 이것[152]은 해탈의 자체를 밝힌 것이요 다섯 구절은 곧 다섯 가지 해탈의 모습을 나타낸 것이다.
첫 번째는 이제二際[153]와 같나니
이것은 관찰하는 지혜의 모습이요
두 번째는 번뇌를 끊는 것이니

---

150 두 번째라고 한 것은 이종정상해탈二種淨相解脫의 두 번째이다.
151 원문에 하오구下五句라고 한 것은 열반평등涅槃平等 이하 五句이다.
152 이것이란, 해탈을 말한다.
153 이제二際란, 세간실제世間實際와 열반제涅槃際이다.

이것은 장애를 떠난 모습이요
뒤에 세 가지는 자체가 덕을 원만하게 갖춘 것이니
곧 이것은 열반의 모습이다.

鈔

二云何下는 釋餘五句라 五句卽顯五種解脫之相者는 標也요 下는 唯列三이니 後三合故니라 若具應云인댄 三은 明般若니 是觀行相이요 四는 明法身이니 是轉依相이요 五는 明解脫이니 是無礙相이라하리라 今엔 以後三으로 合爲涅槃이라 前之二義도 亦三德開出하니 般若가 約決理邊인댄 卽名觀智요 約契合邊인댄 卽名觀行이요 無間道斷은 卽斷惑相이요 解脫道證은 卽無礙相이라 故雖五句나 但是三德이라(補曰三科를 合一이로대 恐文繁長할새 下開爲三이요 二는 復開五요 三은 復開三이라)

두 번째는 어떤 것이 열반인가 한 아래는 나머지 다섯 구절을 해석한 것이다.
다섯 구설은 곧 다섯 가지 해탈[154]의 모습을 나타낸 것이라고 한 것은 표한 것이요

---

154 원문에 오종해탈五種解脫이라고 한 것은 一은 等二際요 二는 斷煩惱요 三은 明般若요 四는 明法身이요 五는 明解脫이라. 즉 첫 번째는 이제와 같은 것이요, 두 번째는 번뇌를 끊는 것이요, 세 번째는 반야를 밝힌 것이요, 네 번째는 법신을 밝힌 것이요, 다섯 번째는 해탈을 밝힌 것이다.

그 아래는 오직 세 가지만 열거한 것이니
뒤에 세 가지는 합한 까닭이다.
만약 갖추어 응당 말한다면 세 번째는 반야를 밝힌 것이니
이것은 관찰하는 행의 모습이요
네 번째는 법신을 밝힌 것이니
이것은 전의轉依[155]의 모습이요
다섯 번째는 해탈을 밝힌 것이니
이것은 걸림이 없는 모습이다 해야 할 것이다.
지금에는 뒤에 세 가지로써 합하여 열반을 삼는 것이다.
앞에 두 가지 뜻도 또한 삼덕을 열어 설출하였으니[156]
반야般若가 결정된 진리의 변제를 잡는다면 곧 이름이 관찰하는 지혜요
계합하는 변제를 잡는다면 곧 이름이 관찰하는 행이요
무간도에서 끊는 것은 곧 번뇌를 끊는 모습이요
해탈도에서 증득하는 것은 곧[157] 걸림이 없는 모습이다.
그런 까닭으로 비록 다섯 구절이 있지만 다만 삼덕이 있을 뿐이다.
(보증하여 말하기를 삼과三科[158]를 하나로 병합하였지만 문장이 번장繁長

---

155 전의轉依란, 제팔식第八識이다.
156 원문에 전지이의前之二義도 역삼덕개출亦三德開出이라고 한 것은 一에 등이제等二際는 반야般若에서 개출開出하였고, 二에 단번뇌斷煩惱는 해탈解脫에서 개출開出한 것이니 삼덕三德을 벗어나지 않는다 하였다.
157 원문 卽 자 아래 證 자는 衍이다.
158 삼과三科란, 後三이니 즉 뒤에 세 가지이다.

함을 염려하기에 아래에 열어서 세 가지로 한 것이요[159]
두 번째는 다시 다섯 가지로 연[160] 것이요
세 번째는 다시 세 가지로 연 것이다.)

疏

言平等者는 謂世間涅槃을 平等攝取하며 非如聲聞이 一向背世間故라하니 以世間之性이 卽涅槃故니라 中觀云호대 世間之實際가 卽是涅槃際니 無毫末差別故라하니라

평등하다고 말한 것은 말하자면 세간과 열반을 평등하게 섭취[161]하는 것이며 성문이 한결같이 세간을 등지는 것과는 같지 않는 까닭이다 하였으니
세간의 자성이 곧 열반인 까닭이다.
『중관론』에 말하기를 세간의 실제가 곧 이 열반의 실제이니 털끝만큼도 차별이 없는 까닭이다 하였다.

鈔

言平等者는 卽牒經解釋也라 此는 卽第一은 等二際니 是觀智相者니 卽經에 涅槃平等住라하니 謂世間涅槃下는 皆論文이요 以世間之

---

159 원문에 하개위삼下開爲三이란, 반야般若와 법신法身과 해탈解脫이다.
160 원문에 개오開五란, 오종해탈五種解脫이다.
161 『십지론十地論』엔 取 자 아래 故 자가 있다.

性下는 疏釋平等之義라 然論云호대 平等攝取는 約人說平等이니 非如聲聞의 不得平等하니라 得與不得이 並約於人이어늘 而疏가 以性釋者는 由二乘이 不了性等일새 故背生死하고 向涅槃이어니와 菩薩은 了性本平等하야 生死卽涅槃일새 故不捨生死하고 而取涅槃하니라 不離不在하야 納法在心일새 故云平等攝取라하니라 中觀云下는 引證釋成이니 卽涅槃品偈云호대 涅槃與世間으로 無有少分別하며 世間與涅槃으로 亦無少分別하며 涅槃之實際와 及與世間際인 如是之二際가 無毫釐差別이라하니 今但義引三句나 意已具矣니라 若更廣說인댄 應有四句리니 一은 全涅槃故로 無毫釐差니 以世間實性을 說爲涅槃이요 涅槃之相을 說爲世間이라 以性收相인댄 無相非性일새 故唯涅槃이요 亦無有差이니라 二는 全世間故로 無毫釐差니 以相收性인댄 無性非相故니라 三은 全世間之涅槃이 與全涅槃之世間으로 無毫釐差니 以雖互收나 不壞二相故니라 四는 全世間之涅槃이 非涅槃也요 全涅槃之世間이 非世間也니 非世間이 與非涅槃으로 無毫釐差니 以性相互奪하야 意不可得故니라 義句雖四나 法唯一事니 所謂無事일새 故非四也니라 是故로 順情而取인댄 四句俱非요 順法而言인댄 四句俱是也니라 此般若智는 於外能照諸法皆空이나 內照之體는 廓然卽空이니 空四絶故니라 四絶中間에 卽空之神照로 朗無相之虛宗이 是般若法也니 此卽非中之中也니라 由不礙事之理故로 全涅槃이 入生死하며 全生死가 入涅槃이요 由不礙理之事故로 差別宛然也요 由二俱無礙故로 入不入이 俱成也요 由二無礙가 又不二故로 入卽不入이며 不入卽入이니 如是하야사 方爲究竟平等이니라

평등하다고 말한 것이라고 한 것은 곧 지금의 경문을 첩석하여 해석한 것이다.

이것은 곧 첫 번째[162]는 이제二際와 같나니 이것은 관찰하는 지혜의 모습이다 한 것이니

곧 이 경에 열반에 평등하게 머문다 한 것이다.

말하자면 세간과 열반이라고 한 아래는 다 이 『십지론』 문이요 세간의 자성이라고 한 아래는 소가가 평등의 뜻을 해석한 것이다. 그러나 『십지론』에 말하기를 평등하게 섭취한다고 한 것은 사람을 잡아 평등함을 설한 것이니

성문이 평등함을 얻지 못한 것과는 같지 않는 것이다.

얻는 것과 더불어 얻지 못하는 것이 모두 사람을 잡아 말한 것이어늘 소가가 자성으로써 해석한 것은 이승이 자성이 평등한 줄 알지 못함을 인유하기에 그런 까닭으로 생사를 등지고 열반을 향하거니 와, 보살은 자성이 본래 평등하여 생사가 곧 열반인줄 알기에 그런 까닭으로 생사를 버리지 않고 열반을 취하는 것이다.

생사를 버리지도 않고 열반 속에 있지도 아니하여[163] 법을 받아들이는 것이 마음에 있기에 그런 까닭으로 말하기를 평등히게 섭취한다 하였다.

---

162 원문에 즉등卽等이라 한 等 자는 第 자가 옳다.
163 원문에 불리부재不離不在라고 한 것은 『잡화기雜華記』에는 세간을 버리지도 않고 열반 속에 있지도 않다 하였으나 차소문此鈔文에는 생사生死를 버리지 않는다 하였다. 그러나 『중관론中觀論』 열반품涅槃品에는 열반涅槃과 세간世 間을 상대하여 말하였으니, 세간世間과 생사生死는 통한다 할 것이다.

『중관론』에 말하였다고 한 아래는 증거를 이끌어 해석하여 성립한 것이니
곧 『중관론』 열반품 게송에 말하기를

열반이 세간으로 더불어
조금도 차별이 없으며
세간이 열반으로 더불어
또한 차별이 없으며

열반의 실제와
그리고 세간의 실제인
이와 같은 이제二際가
털끝만큼도 차별이 없다 하였으니

지금에 다만 뜻으로 세 구절만 인용하였지만 그 뜻은 이미 구족되었다.
만약 다시 폭넓게 설한다면 응당 네 구절이 있어야 할 것이니
첫 번째는 온전히 열반인 까닭으로 털끝만큼도 차별이 없나니 세간의 진실한 자성을 설하여 열반이라 하고 열반의 모습을 설하여 세간이라 하는 것이다.
자성으로써 모습을 거둔다면 모습이 자성이 아님이 없기에 그런 까닭으로 오직 열반뿐이고 또한 차별도 없는 것이다.
두 번째는 온전히 세간인 까닭으로 털끝만큼도 차별이 없나니

모습으로써 자성을 거둔다면 자성이 모습이 아님이 없는 까닭이다.
세 번째는 온전히 세간의 열반이 온전히 열반의 세간으로 더불어 털끝만큼도 차별이 없나니
비록 서로 거두지만 두 가지 모습을 무너뜨리지 않는[164] 까닭이다.
네 번째는 온전히 세간의 열반이 열반이 아니고 온전히 열반의 세간이 세간이 아니니 세간이 아닌 것이 열반이 아닌 것으로 더불어 털끝만큼도 차별이 없나니
자성과 모습을 서로 빼앗아 그 뜻을 가히 얻을 수 없는 까닭이다.
의구義句가 비록 네 구절이지만 법은 오직 한 사실일 뿐이니 말하자면 사실이 없기에[165] 그런 까닭으로 네 구절이 없는 것이다.
이런 까닭으로 망정을 따라 취한다면 네 구절이 함께 그른 것이요 법을 따라 말한다면 네 구절이 함께 옳은 것이다.
이 반야의 지혜는[166] 밖으로 능히 모든 법이 다 공함을 비추지만

---

164 원문에 이수호수以雖互收나 불괴이상不壞二相이라고 한 것은 비록 열반과 세간을 서로 거둠에 곧 두 가지 모습이 없지만 그러나 두 가지 모습을 무너뜨리지 않는 까닭으로 세간과 열반을 함께 세워 서로 차별이 없음을 현시하고 있나.

165 원문에 법유일사法唯一事라고 한 것은 열반의 법과 세간의 법이 원래 일사一事라는 것이요, 소위무사所謂無事라고 한 것은 오직 일사一事인 까닭으로 무사無事라는 것이니, 일념一念으로 무념無念을 삼는 유형과 같고 일상一相을 무상無相이라 말하는 것과 같다 하겠다.

166 원문에 차반야此般若 운운은 이 위에는 곧 소조所照의 법法에 나아가 먼저 즉사구卽四句(義句雖四已上)를 밝혔고, 뒤에 이사구離四句(義句雖四已下)를 밝혔거니와, 지금에는 곧 능조能照의 지혜에 나아가 먼저 이사구離四句(由不碍事

안으로 비추는 자체는 확연하여 곧 공한 것이니 공하여 네 구절이 끊어진[167] 까닭이다.
네 구절이 끊어진 중간에 곧 공의 신비한 비춤으로 모습이 없는 허종虛宗을 밝히는 것이 이 반야의 법이니
이것이 중간이 아닌 중간이다.
사실에 걸리지 아니한 진리를 인유한 까닭으로 온전히 열반이 생사에 들어가며 온전히 생사가 열반에 들어가는 것이요
진리에 걸리지 아니한 사실을 인유한 까닭으로 차별이 완연한 것이요
두 가지가 함께 걸림이 없음을[168] 인유한 까닭으로 들어가고 들어가지 않는 것이 함께 성립하는 것이요
두 가지 걸림이 없는 것이 또한 둘이 아님을[169] 인유한 까닭으로 들어가는 것이 곧 들어가는 것이 아니며 들어가지 않는 것이 곧 들어가는 것이니
이와 같아야 바야흐로 구경의 평등함이 되는 것이다.

    己上)를 밝히고 뒤에 즉사구卽四句(由不碍已下)를 밝힌 것이다.
167 원문에 사절四絶이란, 이사구離四句와 절백비絶百非이다.
168 원문에 이구무애二俱無礙 등이라고 한 것은 二란 事와 理이다. 즉 사실이 진리에 걸리지 않는 까닭으로 들어가고, 진리가 사실에 걸리지 않는 까닭으로 들어가지 않는 것이다.
169 원문에 우불이又不二 등이라고 한 것은 사실이 진리에 걸리지 않는 것과 진리가 사실에 걸리지 않는 것이 둘이 아닌 까닭으로 들어가는 것이 곧 들어가는 것이 아니고, 들어가지 않는 것이 곧 들어가는 것이라는 의미이다.

疏

二에 斷惑相者는 謂三時無斷하야사 方說斷故니 故云호대 非初非中後라하니라

두 번째 번뇌의 모습을 끊는다고 한 것은 말하자면 삼시[170]에 끊을 것이 없어야 바야흐로 끊었다 말하는 까닭이니
그런 까닭으로 말하기를 처음도 아니고[171] 중간도 뒤[172]도 아니다 하였다.

鈔

二에 斷惑相下는 釋此一句에 疏文有三하니 一은 總明大意니 謂三時相因하야 俱無定性일새 故三時無斷이요 由無定性하야사 方能斷惑일새 故云方說斷耳라하니라 故云非初下는 指經文이라 然雜集第七에 亦云호대 從何而說煩惱斷耶아 不從過去니 已滅無故요 不從未來니 以未生故요 不從現在니 道不俱故라하니 此卽三時에 無斷義也니라 中觀論廣說호대 卽以三時門으로 明無斷義하니 無斷은 卽是性空義니 以有性空義故로 一切法得成일새 故成斷義니라 下當廣明하리라 (補曰二에 斷煩惱科文이 繁할새 復分爲五하리니 總玩得之리라)

---

170 삼시三時란, 삼세三世이다.
171 원문에 비초非初 운운은 차경문此經文이니 『십지경十地經』도 똑같이 말하였다.
172 원문에 초初, 중中, 후後는 삼세三世이니 과거過去, 현재現在, 미래未來이다.

두 번째 번뇌의 모습을 끊는다고 한 아래는 이 한 구절[173]을 해석함에 소문이 세 가지가 있나니[174]

첫 번째는 대의를 한꺼번에 밝힌 것이니

말하자면 삼시에 서로 원인하여 함께 결정된 자성이 없기에 그런 까닭으로 삼시에 끊을 것이 없다 한 것이요

결정된 자성이 없음을 인유하여야 바야흐로 능히 번뇌를 끊기에 그런 까닭으로 말하기를 바야흐로 끊었다 말한다 하였다.

그런 까닭으로 말하기를 처음도 아니라고 한 아래는 이 경문을 가리킨 것이다.

그러나 『잡집론』 제칠권에 또한 말하기를 무엇을 좇아 번뇌를 끊는다고 말하는가.

과거를 좇지 아니하니 이미 사라지고 없는 까닭이요

미래를 좇지 아니하니 아직 생기하지 아니한 까닭이요

현재를 좇지 아니하니 도가 함께하지 않는[175] 까닭이다 하였으니

---

[173] 원문에 차일구此一句란, 비초비중후非初非中後이다.

[174] 원문에 소문유삼疏文有三이라고 한 것은 一은 총명대의總明大義요 二는 개장별석開章別釋이요 三은 결시원융結示圓融이다. 그러나 『잡화기雜華記』와 『유망기遺忘記』에는 有三의 三을 五 자라 하였으니 一은 총명대의總明大意, 二는 지경문指經文(十八丈下 六行, 영인본 화엄 9책, p.334, 6행 故云非初等이다), 三은 개장별석開章別釋(十九丈上 六行, 영인본 화엄 9책, p.335, 6행 釋此有二義等이다), 四는 결탄고의結彈古義(二十三丈下 五行, 영인본 화엄 9책, p.344, 5행 若云初念等이다), 五는 총결원융總結圓融(二十六丈下 九行, 영인본 화엄 9책, p.350, 9행 上猶 云云이다)이다.

이것은 곧 삼시에 끊을 것이 없다는 뜻이다.
『중관론』에 널리 말하기를 곧 삼시문三時門으로써 끊을 것이 없다는 뜻을 밝혔으니
끊을 것이 없다고 한 것은 곧 이것은 자성이 공한 것이니 자성이 공한 뜻이 있는 까닭으로 일체법을 이룸을 얻기에 그런 까닭으로 끊는다는 뜻을 이루는 것이다.
아래에 마땅히 널리 밝히겠다.
(보증하여 말하기를 두 번째 번뇌를 끊는다는 과문科文이 번잡하기에 다시 나누어 다섯 가지[176]로 하리니 자세히 연구[177]하면 그 뜻을 얻을 것이다.)

疏

釋此有二義하니 一은 約相翻이오 二는 約相續이라

이것[178]을 해석함에 두 가지 뜻이 있나니
첫 번째는 상번相翻[179]을 잡은 것이오

---

[175] 원문에 도불구道不俱라고 한 것은 道不契惑俱니 若道契惑則 應有斷故니라. 즉 도가 번뇌와 계합하여 함께하지 않는 것이니 만약 도가 번뇌와 계합한다면 곧 응당 끊을 것이 있는 까닭이다.
[176] 다섯 가지란, 바로 앞의 주석에 잘 나타내었다.
[177] 원문에 완玩이란, 완역玩繹이니 글 뜻을 깊이 연구하는 것을 말한다.
[178] 이것이란, 斷惑相也니 즉 번뇌의 모습을 끊는 것이다.
[179] 상번相翻이라고 한 것은 지혜로써 번뇌를 뒤집는 것을 말하는 것이 아니라

두 번째는 상속相續을 잡은 것이다.

疏

言相翻者는 謂無間道에서 正斷惑時에 爲智先起하고 惑後滅耶아 爲惑先滅하고 智後生耶아 爲同時耶아 此三惑智가 各有兩失일새 故不成斷이니 謂智先起인댄 智有自成無漏過와 不能滅惑過요 煩惱後滅인댄 煩惱有自滅過와 不障聖道過요 智後同時도 各具四過하니 如燈不破闇으로 可以喩此하니라 又涅槃云호대 毘鉢舍那가 不破煩惱라하니라 若爾인댄 云何說斷고 若依唯識第九인댄 明二眞見道가 現在前時에 彼二障種이 必不成就호미 猶明與闇이 定不俱生하며 如秤兩頭가 低昂時等하나니 諸相違法도 理必應然할새 是故二性이 無俱成失者는 此는 但擧法相一邊이며 亦不違餘緣集斷義니라 若望此宗인댄 則有所遺하니 謂秤衡是一이라 低昂無妨거니와 解惑不爾어니 豈得俱時리요 明闇之喩는 雖則相傾이나 到與不到에 俱不破闇이니 同時則相乖요 異時不相預故니라 若此宗斷結인댄 要性相無礙니 上明非先後俱는 爲顯無性이요 無性緣成일새 則說斷結이라 由能斷無性하야사 方爲能斷이요 所斷本空하야사 方成所斷이라 若定有者인댄 則墮於常이니 不可斷

이 번뇌와 지혜가 상대하여 지혜가 먼저 생기고 번뇌가 뒤에 사라지며, 번뇌가 먼저 사라지고 지혜가 뒤에 생기며, 지혜와 번뇌가 동시인가 하는 문세가 서로 번복함을 밝히는 까닭으로 상번이라 말하는 것이다.

故요 若定無者인댄 則墮於斷이니 失聖智故니라

상번이라고 말한 것은 말하자면 무간도에서 바로 번뇌를 끊을 때에 지혜가 먼저 생기하고 번뇌가 뒤에 사라짐이 되는가[180]
번뇌가 먼저 사라지고 지혜가 뒤에 생기함이 되는가
동시[181]가 되는가.
이 삼시[182]의 번뇌와 지혜가 각각 두 가지 허물이 있기에 그런 까닭으로 끊음을 이룰 수 없나니
말하자면 지혜가 먼저 생기한다면 지혜가 스스로 무루를 이루는 허물과 능히 번뇌를 제멸하지 못하는 허물이 있을 것이요
번뇌가 뒤에 사라진다면 번뇌가 스스로 사라지는 허물과 성인의 도를 장애하지 못하는 허물이 있을 것이요
지혜가 뒤에 생기하는 것과 동시에 생기하는 것도 각각 네 가지 허물을 갖추고 있나니
등불이 어둠을 깨뜨리지 못하는 것으로써 가히 이 자성이 없음에 비유한 것[183]과 같다.

---

180 원문에 무간도無間道에서 정단혹시正斷惑時라고 한 것은 소승은 무간도로써 번뇌를 끊는 곳을 삼지 않고, 지금에 대승은 무간도로써 번뇌를 끊는 곳을 삼는 것을 현시하고 있다 하겠다.
181 동시同時란, 번뇌와 지혜가 동시同時라는 것이다.
182 삼시三時란, 삼시三時의 번뇌이니 초시初時와 후시後時와 동시同時이다.
183 원문에 등불파암가이유차燈不破闇可以喩此라고 한 것은 등불이 어둠을 깨뜨리지 못하는 것으로써 이미 이 자성이 없음에 비유한 까닭으로 가히 이 자성이 없음에 비유한 것과 같다 하였으니, 등불이 먼저 생기하고 어둠이

또 『열반경』 이십구권[184]에 말하기를 비발사나가 번뇌를 깨뜨리지 못한다 하였다.

만약 그렇다고 한다면 어떻게 끊는다고 말하는가.

만약 『유식론』 제구권을 의지한다면 두 가지 진견도[185]가 앞에 나타나 있을 때에 저 이장二障의 종자가 반드시 성취되지 않는 것이 마치 밝음과 더불어 어둠이 결정코 함께 생기하지 않는 것과 같으며, 저울의 두 머리가 내려가고 올라갈 때에 똑같은 것과 같나니[186]

뒤에 사라지며 어둠이 먼저 사라지고 등불이 뒤에 생기한다면 곧 이것은 이시異時로써 서로 참여하지 않는 까닭으로 등불이 가히 어둠을 깨뜨리지 못하는 것이요, 등불과 어둠이 동시라고 한다면 곧 이것은 동시同時로써 서로 어기는 까닭으로 또한 가히 어둠을 깨뜨리는 것이다. 유차喩此의 此란 무성無性이다. 또 智와 惑이다.

184 『열반경涅槃經』은 二十九卷이니 영인본 화엄 9책, p.341, 末行을 보라.

185 원문에 이진견도二眞見道라고 한 것은 이승견도二乘見道와 보살견도菩薩見道이다.

186 원문에 유명여암猶明與闇 운운은 밝음이 생기하는 곳에 어둠이 사라진다면 곧 이것은 지혜가 생기할 때에 번뇌가 사라짐에 비유한 것이요, 여칭양두如秤兩頭 운운은 저울의 한 머리가 올라갈 때에 한 머리가 내려간다면 곧 이것도 또한 지혜가 생기할 때에 번뇌가 사라짐에 비유한 것이니, 하나가 생기하고 하나가 사라지며 하나가 올라갈 때에 하나가 내려간다는 것은 바로 이것은 저 살바다종에서 범부와 성인이 함께 성취한다고 한 비난을 번복하는 것이다. 묻겠다. 이 『유식론』 가운데 지혜가 생기할 때에 번뇌가 사라지는 것이 앞에 삼관三關을 전개하는 가운데 제 세 번째 번뇌와 지혜가 동시인가 한 것과 무엇이 다른가. 이미 다른 바가 없다고 한다면 또한 응당 네 가지 허물을 갖추게 되는 것이다. 답하겠다. 앞에서 번뇌와 지혜가 동시라고 하였다면 지혜가 생기할 때에 번뇌가 오히려 있는 까닭으로 지혜로써 번뇌를

모든 상위相違하는 법도 이치가 반드시 응당 그러하기에 이런 까닭으로 두 가지 성품[187]이 함께 성취한다는 허물이 없음을 밝힌다고 한 것은 이것은 다만 법상종의 일변만 거론한 것일 뿐이며 또한 다른 인연이 모임에 끊는다는 뜻을 어기지 않는 것이다.[188]
만약 이 화엄종을 바라본다면 곧 유실한 바가 있나니
말하자면 저울은[189] 하나라 내려가고 올라가는 것이 방해롭지 않거니와 번뇌를 아는 것은 그렇지 않거니 어찌 구시俱時라고 함을 얻겠는가. 밝음과 어둠의 비유는 비록 곧 서로 기울지만[190] 이르고 이르지

제멸한 연후에사 번뇌가 바야흐로 제거되거니와, 지금에는 지혜가 생기할 때에 번뇌가 사라진다고 하였다면 곧 지혜가 겨우 생기할 때에 번뇌가 이미 문득 제거된 것이니, 앞에 힘써 제거한 연후에사 번뇌가 바야흐로 제거됨을 얻는 것과는 같지 않는 것이다.

187 원문에 이성二性이란, 범성凡性과 성성聖性이다.

188 원문에 불위여연집단의不違餘緣集斷義라고 한 것은 즉 소승의 뜻을 따른다는 것이니, 다른 인연이 모임에 바야흐로 번뇌를 끊는다고 한 것은 소승 등에서 설한 것과 같다는 것이다.

189 원문에 위칭형謂秤衡 운운은 저울의 자체는 하나이지만 그 지울이 내려가고 올라가는 것이 동시라고 한다면 곧 동시라고 함을 허락하거니와, 번뇌를 아는 것은 곧 그렇지가 않아서 번뇌와 지혜의 두 가지 이치가 반드시 서로 기울어 동시同時가 아니니, 곧 비유에 동시와는 다른 까닭으로 완전히 동시(俱時)라고 함을 깨뜨리는 것이다.

190 원문에 명암지유수직상경明闇之喩雖則相傾 운운은 밝음과 어둠의 비유는 이 두 물건이 서로 기울어진다면 곧 비록 번뇌를 끊는다는 뜻에는 계합하지만, 그러나 다만 자성이 없다는 뜻은 빠진 까닭으로 또한 깨뜨림의 피해를 면할 수 없는 것이다.

아니함에 함께¹⁹¹ 어둠을 깨뜨리지 못하는 것이니¹⁹²
동시同時라고 한다면 곧 서로 어기는 것이요
이시異時라고 한다면 서로 참예하지 않는 까닭이다.
만약 이 화엄종에서 번뇌(結)를 끊는 것이라고 한다면 반드시 성性과 상相이 걸림이 없는 것이니
위에 선후가 함께 아니라고 밝힌 것은 자성이 없음을 나타내기 위한 것이요
자성이 없어서 인연으로 이루어지기에 곧 번뇌를 끊는다고 말한 것이다.
능히 끊는 것이 자성이 없음을 인유하여야 바야흐로 능단이 되는 것이요
끊는 바가 본래 공함을 인유하여야 바야흐로 소단을 이루는 것이다.
만약 결정코 번뇌가 있다고 한다면¹⁹³ 곧 상견에 떨어진 것이니

---

191 원문에 도여부도到與不到라고 한 것은 明暗到 明暗不到也니, 즉 밝은 것이 어둠에 이르고 밝은 것이 어둠에 이르지 않는다는 것이다.

192 원문에 도여부도구불파암到與不到俱不破闇이라고 한 것은 이른즉 동시이니 동시인즉 밝은 곳에는 이미 어둠이 없는 까닭으로 어둠을 가히 깨뜨릴 것이 없는 까닭이요, 이르지 아니한즉 이시異時이니 이시인즉 밝음이 능히 어둠에 미치지 못하는 까닭으로 가히 어둠을 깨뜨리지 못하는 것이다.

193 원문에 약정유자若定有者라고 한 아래는 반대로 나타내는 것이니, 만약 결정코 번뇌가 있다고 한다면이라고 한 것은 끊을 바를 잡은 것이고, 만약 결정코 번뇌가 없다면이라고 한 것은 능히 끊는 것을 잡은 것이다. 순리대로 밝힌다면 곧 능단과 소단이 다 공함을 밝히고 반대로 나타낸다면 곧 능단과 소단이 다 끊을 것임을 밝힌다 할 것이니, 상견에 떨어지지 아니한 까닭으로

가히 끊을 수 없는 까닭이요
만약 결정코 번뇌가 없다고 한다면 곧 단견에 떨어진 것이니
성인의 지혜를 잃은 까닭이다.

鈔

謂智先起者는 一은 本因斷惑하야 得無漏智어늘 今智先起인댄 則不斷惑하고 自成無漏요 二는 智旣先起나 惑猶在故로 不能斷惑이라 煩惱二過者는 一은 智已先起나 煩惱猶在일새 故後滅時에 是自滅耳요 二는 惑在나 不礙智起일새 故不障聖道니 惑智各二일새 故有其四하니라 智後同時等者는 倂出二關이니 言智後者는 卽前에 爲惑先滅하고 智後生耶아하니라 言四過者는 初明二惑이니 一은 惑自先滅過니 由智未生에 而惑滅故요 二는 不障聖道過니 惑先已滅하야 不礙智故니라 智二過者는 一은 智有自成無漏過니 惑已先滅하야 智不斷惑故요 二는 不能滅惑過니 惑已先滅하야 無可滅故니라 言同時者는 卽惑智同時라도 亦有四過하니 智二過者는 旣與惑俱나 惑不干智일새 故自成無漏며 亦不斷惑이요 惑二過者는 旣與智俱일새 故不障聖道하야 與智俱時에 惑猶在故요 後若斷時에 亦自滅耳니라 如燈不破闇下는 約喩以明이니 通經及論이라 又涅槃下는 引經法說하야 成上喩說이니 並如下明하니라 若唯識下는 第四에 正顯斷義라 於中有三하니 一은 正顯唯識이라 言二眞見道者는 彼疏不釋하니라 有云호대

번뇌를 가히 끊을 수 있고 단견에 떨어지지 아니한 까닭으로 지혜를 능히 끊는 것이다.

謂眞見道와 及相見道라하니 此釋非理니 言二眞故며 斷惑은 正在眞見道故니라 有云호대 人法二空이라하니 此亦難依니 二空所證이요 今說能斷故니라 有云호대 無間解脫가 爲二라하니 此二도 應非니 斷惑은 正在無間道故니라 若爾인댄 何者指南고 應是大小乘이 爲二故니라 次前論云호대 二乘見道가 現在前時에 唯斷一種이니 名得聖性이요 菩薩見道가 現在前時에 具斷二種이니 名得聖性이라 二種은 卽二障이니 所斷廣狹이 小異나 大小가 俱是眞見道斷故니라 然彼論意는 爲異薩婆多宗하니 彼宗所立은 見道之前에 斷異生性하고 無間道起에 與惑得俱일새 說言斷耳니라 故爲伏難云호대 若異生性을 見道前捨하고 無漏果起인댄 無有凡聖이 俱成就失거니와 今旣依於見에 斷種立인댄 卽無間道에 有惑種俱를 異生未斷이니 如何凡聖이 無俱成失고할새 故唯識論云호대 見道起時에 彼種不成호미 猶如明生에 不與闇並일새 故凡聖二性이 無俱成失거니와 若無間道에 與惑得俱인댄 却有凡聖이 俱成之失이라하니 雜集第七에도 亦明此義니라

말하자면[194] 지혜가 먼저 생기한다고 한 것은 첫 번째는 본래 번뇌를 끊음을 인하여 무루의 지혜를 얻거늘 지금에 지혜가 먼저 생기한다고 한다면 곧 번뇌를 끊지 않고 스스로 무루의 지혜를 이루는 것이요 두 번째는 지혜가 이미 먼저 생기하였지만 번뇌가 오히려 있는 까닭으로 능히 번뇌를 끊을 수 없는 것이다.

---

194 원문 위지謂智라고 한 앞에 다른 본에 소석차유이하疏釋此有二下는 개장광석開章廣釋이라 어중상번於中相翻이라는 말이 있다. 그 아래는 이 초문 끝에 보증하여 말한 것과 같다.

번뇌의 두 가지 허물은 첫 번째는 지혜가 이미 먼저 생기하였지만 번뇌가 오히려 있기에 그런 까닭으로 뒤에 사라질 때에 이것이 스스로 사라지는 것이요

두 번째는 번뇌가 있을지라도 지혜가 생기함에 걸리지 않기에 그런 까닭으로 성인의 도를 장애하지 못하나니,

번뇌와 지혜가 각각 두 가지 허물이 있기에 그런 까닭으로 그 허물이 네 가지가 있는 것이다.

지혜가 뒤에 생기하는 것과 동시에 생기하는 등이라고 한 것은 두 가지 관계를 아울러 설출한 것이니

지혜가 뒤에 생기한다고 말한 것은 곧 앞에 번뇌가 먼저 사라지고 지혜가 뒤에 생기함이 되는가 한 것이다.

네 가지 허물이라고 말한 것은 처음에는 번뇌의 두 가지 허물을 밝힌 것이니

첫 번째는 번뇌가 스스로 먼저 사라지는 허물이니

지혜가 생기하기 이전에 번뇌가 사라짐을 인유한 까닭이요

두 번째는 성인의 도를 장애할 수 없는 허물이니

번뇌가 먼저 이미 사라져 지혜를 장애하지 않는 까닭이다.

지혜의 두 가지 허물은 첫 번째는 지혜가 스스로 무루를 이루는 허물이 있는 것이니

번뇌가 이미 먼저 사라져 지혜가 번뇌를 끊을 것이 없는 까닭이요

두 번째는 능히 번뇌를 제멸할 수 없는 허물이니

번뇌가 이미 먼저 사라져 가히 제멸할 것이 없는 까닭이다.

동시라고 말한 것은 곧 번뇌와 지혜가 동시라 할지라도 또한 네 가지 허물이 있나니

지혜의 두 가지 허물은 이미 지혜가 번뇌로 더불어 함께하지만 번뇌가 지혜에 간섭하지 않기에[195] 그런 까닭으로 스스로 무루를 이루며 또한 번뇌를 끊을 것이 없는 것이요

번뇌의 두 가지 허물은 이미 번뇌가 지혜로 더불어 함께하기에 그런 까닭으로 성인의 도를 장애할 수 없어 지혜로 더불어 함께할 때에 번뇌가 오히려 있는 까닭이요

뒤에 만약 끊을 때에 또한 스스로 사라지는 것이다.

등불이 어둠을 깨뜨리지 못함으로써 이 자성이 없음에 비유한 것과 같다고 한 아래는 비유를 잡아 밝힌 것이니

『열반경』과 그리고 『유식론』을 통석한 것이다.

또 『열반경』이라고 한 아래는 『열반경』에 법설法說[196]을 인용하여 위에 유설喩說[197]을 성립한 것이니

모두 아래 밝힌 것과 같다.[198]

---

195 원문에 지이과자智二過者는 기여혹구旣與惑俱나 혹불간지惑不干智라고 한 것은 지혜가 이미 번뇌로 더불어 동시에 함께 행하지만 서로 어그러지지 않는다면 이것은 지혜는 스스로 지혜이고 번뇌는 스스로 번뇌이다. 번뇌가 저 지혜에, 지혜가 저 번뇌에 서로 깨뜨릴 바가 없거니 어찌 간섭함이 있겠는가.

196 법설法說이란, 『열반경』의 비발사나가 번뇌를 깨뜨리지 못한다고 말한 것이다.

197 유설喩說이란, 등불이 어둠을 깨뜨리지 못한다고 말한 것이다.

만약『유식론』제구권을 의지한다면이라고 한 아래는 네 번째 끊는 다는 뜻을 바로 나타낸 것이다.

그 가운데 세 가지가 있나니

첫 번째는『유식론』의 뜻을 바로 나타낸 것이다.

두 가지 진견도라고 말한 것은 저『유식론』소문[199]에는 해석하지 않았다.

어떤 사람이 말하기를 말하자면 진견도와 상견도다 하니,

이 해석은 이치에 맞지 않나니 두 가지 진견도라 말한 까닭이며 번뇌를 끊는 것은 바로 진견도에 있는 까닭이다.

어떤 사람이 말하기를 사람과 법의 두 가지가 공한 것이다 하니, 이것도 또한 의지하기 어렵나니 두 가지 공은 증득할 바요 지금에는 능히 끊는 것을 말한 까닭이다.

어떤 사람이 말하기를 무간도와 해탈도가 두 가지가 된다 하니, 이 두 가지도 응당 아니니 번뇌를 끊는 것은 바로 무간도에 있는 까닭이다.

만약 그렇다고 한다면 무엇이 지남이 되는가.

응당 이 대승大乘 소승小乘인 이승二乘이 두 가지가 되는 까닭이다.

이 다음 앞의『유식론』[200]에 말하기를 이승의 견도가 앞에 나타나

---

198 원문에 여하명如下明이라고 한 것은 아래 영인본 화엄 9책, p.342, 6행에 상속소문중相續疏文中이다.
199 원문에 피소彼疏란, 역시『유식론』第九卷 소문疏文이다.
200 원문에 차전론次前論이란, 소문疏文에 인용한『유식론唯識論』第九卷 그 문장 앞이라는 말이다.

있을 때에 오직 한 가지 번뇌장만 끊나니 이름이 성성聖性을 얻는 것이요
보살의 견도가 앞에 나타나 있을 때에 두 가지를 갖추어 끊나니 이름이 성성을 얻는 것이다.
두 가지라고 한 것은 곧 두 가지 장애이니 끊을 바가 넓고 좁은²⁰¹ 것이 조금 다르지만 대승과 소승이 함께 이 진견도에서 끊는 까닭이다.
그러나 저 『유식론』의 뜻은 살바다종과 다르나니
저 살바다종에서 세운 바는²⁰² 견도 이전에 이생異生²⁰³의 성품을 끊고 무간도에 생기함에 번뇌로 더불어 함께함을 얻기에²⁰⁴ 끊는다고 말하는 것이다.
그런 까닭으로 숨어서 비난하여²⁰⁵ 말하기를 만약 이생의 성품을

---

201 원문에 廣은 대승大乘이고, 狹은 소승小乘이다.
202 원문에 피종소립彼宗所立 운운은 살바다의 뜻은 무간도로써 견도 이전을 삼나니, 견도위에 들어가고자 한다면 먼저 무간정無間定을 닦아야 하는 까닭이다. 그런 까닭으로 견도 이전 무간도에서 이생異生의 성품과 번뇌로 더불어 함께함을 얻는 것을 다 끊고 저 견도위에 이르러서는 다만 증득하는 것만 말할 뿐이니, 이것은 그 스스로 범부와 성인이 함께 성취한다는 허물이 없음을 말하는 것이다. 그렇다고 한다면 곧 이것은 번뇌로 더불어 함께함을 얻는다고 한 말은 그 뜻이 지혜와 더불어 번뇌를 합하여 힘써 제거하는 모습을 가리키는 것이라 할 것이다.
203 이생異生이란, 범부凡夫이다.
204 원문에 여혹득구與惑得俱라고 한 것은 『유식론』엔 무혹종구無惑種俱라 하였다.
205 원문에 고위복난故爲伏難이라고 한 것은 살바다종薩婆多宗이 법상종法相宗을

견도 이전에 버리고 무루과[206]에서 생기한다면 범부와 성인이 함께 성취한다는 허물이 없거니와, 지금에 이미 견도에서 끊을 종자를 의지하여 세웠다면[207] 곧 무간도에 번뇌와 종자가 함께 있는 것을 이생이 아직 끊지 못한 것이니 어떻게 범부와 성인이 함께 성취한다는 허물이 없겠는가 하기에 그런 까닭으로 『유식론』[208]에 말하기를 견도에 생기할 때에 저 이장의 종자가 성취되지 않는 것이 마치 밝음이 생기함에 어둠으로 더불어 아우르지 않는 것과 같기에 그런

비난하는 것이니, 먼저는 살바다의 자기 종파가 허물이 없음을 현시하고, 바로 아래 금기의어등今旣依於等은 뒤에 법상종의 허물이 있음을 배척하는 것이니, 즉 무간도에 번뇌와 종자가 함께 있다고 한 것은 그 뜻에 말하기를 그대 법상종이 이미 견도위에서 바야흐로 번뇌와 종자를 끊는다고 말하였다면 이것은 견도 이전 무간도에는 오히려 아직 번뇌를 끊지 못하여 번뇌로 더불어 함께 행한다는 것이니, 그 무간도 가운데 반드시 범부와 성인이 함께 성취한다는 허물이 있게 되는 것이다. 그렇다면 여기에 번뇌와 종자가 함께 있다고 한 말은 그 뜻이 지혜가 번뇌를 보내지 못하여 서로 더불어 함께 행한다는 모습을 가리키는 것이라 할 것이다.

206 무루과無漏果는 견도見道 이후이다.
207 원문에 금기의어견단종립今旣依於見斷種立이라고 한 것은 무루과가 견도위에 있을 때 번뇌와 종자를 끊음을 의지하여 세운 것이라고 한다면 무간도에 있을 때에 번뇌와 종자가 있은 까닭으로 견도위에 있을 때도 또한 있는 것이다. 견도위에 있는 까닭으로 성인 가히 성취할 것이 있고, 번뇌와 종자가 있은 까닭으로 범부 가히 성취할 것이 있다 하겠다.
208 『유식론唯識論』은 역시 第九卷이다. 유식론운唯識論云 下는 答이다. 견도에 생기할 때가 곧 무간도이니, 견도에 있을 때 저 종자가 성취되지 않는다면 곧 무간도에 생기할 때도 역시 종자가 없는 것이다. 그런 까닭으로 함께 성취됨이 없는 것이다.

까닭으로 범부와 성인의 두 가지 성품이 함께 성취한다는 허물이 없거니와, 만약 무간도에 번뇌로 더불어 함께함을 얻는다면 도리어 범부와 성인이 함께 성취한다는 허물이 있을 것이다 하였으니 『잡집론』 제칠권에도 또한 이 뜻을 밝혔다.

明暗之喩下는 二에 破明闇喩라 明闇同喩는 極似於法하야 理則無違일새 故先印許요 到與不到下는 但就無性理破니 三論廣說하니라 中論三相品中에 小乘이 被破大生小生이 二互相生하야 彼便救云호대 本生生時에 能生於生生이라하야 故引喩云호대 如燈能自照하고 亦能照於彼하니 生法亦如是하야 自生亦生彼라하니 論主破云호대 燈中自無闇하고 住處亦無闇하니라 破闇乃名照니 無闇則無照라하니라 意云호대 明中無闇하고 闇中無明이라 明旣無闇거니 爲何所破고하니 彼便救云호대 具足之燈은 無闇可破어니와 初生之燈은 明體未全하니 則有闇破이라할새 故復破云호대 云何燈生時에 而能破於闇이리요 此燈初生時에 不能及於闇이라하니라 意云호대 初生은 名半生半未生이니 未生之半은 此半無明이니 亦不能破요 已生之半은 此半無闇이니 亦無所破라하니 彼便救云호대 何用及闇이리요 但使能破라할새 故復破云호대 燈若不及闇이라도 而能破闇者인댄 燈在於此間에 應破一切闇하리라 又反顯云호대 若燈能自照하고 亦能照於彼인댄 闇亦能自闇하고 亦能闇於彼라하니라 釋曰今闇이 不能闇於彼인댄 明知하라 是燈不能破闇이리라 由依此義일새 故上疏云호대 雖則相傾이라하니 意云호대 而明闇理別하야 明能破闇이나 闇不破明이라하니라 故涅槃第二十九에도 亦同於此하니 以燈不破闇으로 喩

上毘鉢舍那가 不破煩惱니라 若此宗下는 第三에 辯此宗大意니 如前總中과 及下相續中하니라 由能斷無性下는 三에 雙明能所가 卽空而斷이라(補曰相翻科中에 有四하니 一은 定斷處에 以開三關이요 此三惑智下는 依關立過요 若爾下는 假問徵起요 若依唯識下는 正顯斷義라)

밝음과 어둠의 비유라고 한 아래는 두 번째 밝음과 어둠을 깨뜨리는 비유이다.
밝음과 어둠을 같이 비유한[209] 것은 지극히 법과 같아 이치가 곧 어김이 없기에 그런 까닭으로 먼저 인가하여 허락하는 것이요
이르고 이르지 아니함이라고 한 아래는 다만 자성이 없다는 이치에 나아가 깨뜨린 것[210]이니
삼론[211]에 널리 설하였다.
『중론』의 삼상품三相品[212] 가운데 소승이 대생大生과 소생小生[213]이

---

209 원문에 명암동유明暗同喩라고 한 것은 지극히 법과 같은 까닭으로 같이 비유한 것이라 말한 것이다. 그런 까닭으로 『인명론』 가운데 같은 비유와 다른 비유가 있다.

210 원문에 단취부성이파但就無性理破라고 한 것은 상소문上疏文에 도부도到不到를 주석함에 『잡화기』를 근간하여 해석하였거니와, 지금 여기 초문에는 『유망기』를 의지하여 다시 해석하겠다. 이른즉 밝음이 이미 어둠에 이름에 어둠이 자성이 없는 까닭으로 그 어둠을 가히 깨뜨릴 것이 없는 것이요, 이르지 아니한즉 어두운 곳에는 밝은 이치가 없는 까닭으로 능히 어둠을 깨뜨리지 못하는 것이다.

211 삼론三論이란, 『중론中論』·『백론百論』·『십이문론十二門論』이다.

212 『중론』의 삼상품三相品이라고 한 것은 『중론中論』 第二卷에 관삼상품觀三相品

둘이 서로서로 생기한다고 한 것을 논주가 깨뜨림을 입어 저 소승²¹⁴
이 곧 구원하여 말하기를 본생本生이²¹⁵ 생기할 때에 능히 저 생생生生
을²¹⁶ 생기한다 하여 그런 까닭으로 비유를 이끌어 말하기를

마치 등불이 능히 스스로도 비추고²¹⁷
또한 능히 저 어둠도 비추는 것과 같나니
생기하는 법도 또한 이와 같아서
스스로도 생기하고 또 저 다른 것도 생기한다 하니

논주²¹⁸가 깨뜨려 말하기를

    이니 의인意引이다. 삼상三相은 생生, 주住, 멸滅이다.
213 원문에 대생소생大生小生이라고 한 것은 『중론中論』에 칠생七生이 있나니 一은 법생法生, 二는 생생生生, 三은 주생住生, 四는 멸생滅生, 五는 생생생生生生, 六은 주주생住住生, 七은 멸멸생滅滅生이라 하였다. 대생大生은 제이생第二生이고 소생小生은 제오생생第五生生이다. 第二生을 좇아 생기하는 까닭으로 第五를 소생小生이라 한다. 第二에 生은 대생大生이고 대생大生은 곧 본생本生이다.
214 소승小乘은 정량부 등이다.
215 본생本生이 운운은 제팔송第八頌이니 갖추어 말하면 만약 본생이 생기할 때에 / 능히 생생을 생기한다면 / 본생도 오히려 있지 않거니 / 어찌 능히 생생을 생기하겠는가 하였다.
216 원문 능생能生 아래에 於生 두 글자(二字)가 더 있어 보증하였다. 즉 能生於生生이라 되어 있고, 이어서 여등능자조如燈能自照 비유가 있다.
217 원문에 여등능자조如燈能自照 운운은 관삼상품觀三相品 九頌이다.
218 논주論主란, 용수龍樹이다.

등불 가운데는 등불 스스로[219]도 어둠이 없고[220]
머무는 곳에도 또한 어둠이 없다.
어둠을 깨뜨리는 것이 이에 이름이 비춤이니
어둠이 없다면 곧 비춤도 없는 것이다 하였다.

그 뜻에 말하기를 밝음 가운데는 어둠이 없고
어둠 가운데는 밝음이 없다.
밝음에 이미 어둠이 없거니
어찌 깨뜨릴 바를 삼겠는가 하니
저 소승이 곧 구원하여 말하기를
구족한 등불은
어둠 가히 깨뜨릴 것이 없거니와
처음 생기한 등불은
밝음 자체가 온전하지 못하니
곧 어둠을 깨뜨릴 것이 있다. 하기에 그런 까닭으로 다시 깨뜨려 말하기를
어떻게 등불이 처음 생기할 때에[221]
능히 어둠을 깨뜨리겠는가.
이 등불이 처음 생기할 때에
능히 저 어둠에 미치지 못한다 하였다.

---

219 여기서 自는 등불 자체이다.
220 원문에 등중자무암燈中自無暗 운운은 第十頌이다.
221 원문에 운하등생시云何燈生時 운운은 第十一頌이다.

그 뜻에 말하기를 처음 생기한 것은 이름이 반은 생기하고 반은
아직 생기하지 아니한 것이니 아직 생기하지 아니한 반은 이 반이
밝음이 없나니 또한 능히 깨뜨릴 수 없는 것이요,
이미 생기한 반은 이 반이 어둠이 없나니 또한 깨뜨릴 바가 없다
하니
저 소승이 곧 구원하여 말하기를
어찌 써 어둠에 미치겠는가. 다만 하여금 능히 깨뜨릴 뿐이다 하기에,
그런 까닭으로 다시 깨뜨려 말하기를
등불이 만약 어둠에 미치지 않아도[222]
능히 어둠을 깨뜨린다고 한다면
등불이 이 사이에 있음에
응당[223] 일체 어둠을 깨뜨릴 것이다.

또 반대로 나타내어 말하기를
만약 등불이 능히 스스로도 비추고[224]
또한 능히 저 어둠도 비춘다고 한다면
어둠도 또한 능히 스스로도 어둡게 하고
또한 능히 저 밝음도 어둡게 할 것이다 하였다.

해석하여 말하면 지금에 어둠이 능히 밝음을 어둡게 하지 못한다고

---

222 원문에 등약불급암燈若不及暗 운운은 第十二頌이다.
223 원문에 應 자는 본론本論에는 則 자이다.
224 원문에 약등능자조若燈能自照 운운은 第十三頌이다.

한다면 분명히 알아라.

이 등불이 능히 어둠을 깨뜨리지 못할 것이다.

이 뜻을 의지함을 인유하기에[225] 그런 까닭으로 위에 소문[226]에 말하기를 비록 곧 서로 기울지만[227]이라 하였으니

그 뜻에 말하기를 밝음과 어둠의 이치가 달라서 밝음은 능히[228] 어둠을 깨뜨리지만 어둠은 밝음을 깨뜨리지 못한다 하였다.

그런 까닭으로 『열반경』 이십구권에도 또한 여기와 같이 말하였으니 등불이 어둠을 깨뜨리지 못함으로써 위에 비발사나가 번뇌를 깨뜨리지 못한다고 함에 비유한 것이다.

만약 이 화엄종을 바라본다면이라고 한 아래는 세 번째 이 화엄종의 대의를 분별한 것이니

앞의 총명대의 가운데[229]와 그리고 아래 상속 가운데[230] 밝힌 것과

---

225 원문에 유의차의由依此義 등이라고 한 것은 위에 『중론中論』 가운데 등불이 어둠을 깨뜨리지 못한다는 뜻을 섭수하여 소문 가운데 비록 곧 서로 기울지만(영인본 화엄 9책, p.336, 8행)이라 한 말을 얻게 된 것을 밝힌 것이다. 그 뜻에 말하기를 이 등불이 어둠을 깨뜨리지 못한다는 말을 인유한 까닭으로 소가가 비록(雖則)이라는 말을 고쳐놓은 것이니, 비록이라는 말이 이미 밝음이 어둠을 깨뜨리지 못한다는 뜻을 포함하고 있는 까닭이다.

226 원문에 상소문上疏文이란, 영인본 화엄 9책, p.336, 8행이다.

227 원문에 상경相傾이란, 明暗이 相傾也니 명암이 서로 기운다는 것이다.

228 원문에 명능明能이라 한 能 자는 『유망기』에 不 자가 옳다 하여 명불파암明不破暗이라 해야 한다 하였다. 그 이유는 뒤에 암불능암파暗不能暗破(明), 등불능파암燈不能破暗이라 하였기에 그렇다. 그러나 나는 그대로 두었다.

같다.

능히 끊는 것이 자성이 없음을 인유한다고 한 아래는 세 번째 능단과 소단이 공에 즉하여 끊음을 함께 밝힌 것이다.

(보증하여 말하면 상번과相翻科 가운데 네 가지가 있나니 첫 번째는 결정코 끊는 곳에 삼관三關을 연 것이요, 이 삼시의 번뇌와 지혜라고 한 아래는 삼관을 의지하여 허물을 설출²³¹한 것이요, 만약 그렇다면이라고 한 아래는 물음을 의지하여 생기한 것이요, 만약 『유식론』 제구권을 의지한다면이라고 한 아래는 끊는 뜻을 바로 나타낸 것이다.)

疏

言相續者는 不約惑智相對하고 但就一智하야 自有三時하니 論依此釋하니라 就此三時하야 復有二種하니 一은 約初心究竟하야 通分三時요 二는 約無間道中에 刹那三時니 經論은 並通此二하니라 論云호대 此智盡漏는 爲初智斷가 爲中爲後가 答云호대 非初智斷이며 亦非中後니 偈云호대 非初中後故라하니 此上은 順釋偈文하고 兼定三時니 唯約智說일새 故言호대 是智斷惑이라하니라 若爾

---

229 원문에 전총중前總中이라고 한 것은 영인본 화엄 9책, p.334, 8행에 총명대의 總明大意이다.

230 원문 상속중相續中이라고 한 아래에 다른 본에는 문략유사文略有四하니 一은 총표總標요 二에 상명비선후하上明非先後下는 현정의顯正義라는 말이 있기도 하다.

231 원문에 出 자는 『유망기』엔 立 자라 하였다. 본래 五字이나 『유망기』는 立字로 고치고 여기엔 出字로 고쳤으니 다 통한다 하겠다.

인댄 三時無斷거니 云何斷耶아 論云호대 如燈焰이 非唯初中後나 前中後取故라하니 此는 擧喩釋成이니 謂實敎斷惑은 必性相雙明이요 經文은 正顯證智호대 唯據甚深緣性의 不可說義어니와 論主가 兼明斷義故로 性相雙辨이라 非初中後는 辨因緣無性이니 是斷之不斷이요 前中後取는 卽不壞緣相이니 是不斷之斷이라 故大品云호대 菩薩이 非初心得菩提나 亦不離初心이니 後心亦爾하야 而得菩提니라 譬如然燈에 非初焰燋炷나 亦不離初焰이니 後焰亦爾하야 而炷實燋라하니 故龍樹判云호대 佛이 以甚深因緣으로 答이라하니라 涅槃二十九亦云호대 衆生五陰이 雖念念滅이나 而有修道는 如燈이 雖念念滅이나 而有光明이라하니 上諸經論은 皆顯性相無礙하야 無斷之斷이라 又今經論은 反覆相成이니 謂若定斷者인댄 一念便足거니 何假三心이리요 旣並取方成인댄 明知하라 無性은 無初中後요 無初中後는 是無性故로 方得成於初中後斷이니 此則因緣故로 無性이요 無性故로 因緣也니라 若云初念에 則能斷일새 後念에 方究竟斷者인댄 不異毘曇의 一念有燒일새 始終方盡이요 若云初念에 獨不能斷일새 積至中後하야 方能斷者인댄 不異成實의 一念不燒일새 相續方然이니 勿失宗旨니라

상속[232]이라고 말한 것은 번뇌와 지혜가 상대함을 잡지 않고 다만 한 지혜에 나아가 스스로 삼시가 있음을 말한 것이니

---

232 상속相續이라고 말한 것은 삼매三昧가 끊어지지 않는 까닭으로 상속이라 말하는 등이다.

『십지론』에 이 삼시를 의지하여 해석하였다.
이 삼시에 나아가 다시 두 가지가 있나니
첫 번째는 초심의 구경을 잡아 모두 삼시를 나눈 것이요
두 번째는 무간도 가운데 찰나의 삼시를 잡은 것이니
『십지경론』은 이 두 가지에 모두 통한다.
『십지론』에 말하기를 이 지혜가 번뇌를 다하는 것은 초시에 지혜가 끊는 것이 되는가, 중시가 되는가, 후시가 되는가.
답하여 말하기를[233] 초시에 지혜가 끊는 것도 아니며 또한 중시도 후시도 아니니 『십지경』 게송에 말하기를[234] 처음도 아니고 중간도 뒤도 아닌 까닭이다[235] 하였으니
이 위에는 게송의 문장을 순리대로 해석하고 겸하여 삼시를 결정한 것이지만 오직 지혜만을 잡아 설하였기에 그런 까닭으로 말하기를 이것은 지혜가 번뇌를 끊는 것[236]이다 하였다.
만약 그렇다고 한다면 삼시에 끊을 것이 없거니 어떻게 끊는다 하는가.
『십지론』에 말하기를 마치 등불이 오직 처음도 중간도 뒤도 아니지만 앞에도 중간에도 뒤에도 취하는 것과 같은 까닭이다 하였으니
이것은 비유를 들어 해석하여 성립한 것이니

---

233 원문에 답운答云 두 글자(二字)는 『십지론十地論』엔 없다.
234 원문에 云 자는 본론本論엔 言 자다.
235 원문에 故 자는 본론本論엔 없다.
236 원문에 시지단혹是智斷惑이라고 한 것은 三行前에 『십지론十地論』에 차지진 루此智盡漏라 한 것을 가리킨다. 즉 이 지혜가 번뇌를 다한다고 한 것이다.

말하자면 대승실교에서 번뇌를 끊는 것은 반드시 자성과 모습을 함께 밝히는 것이요

경문은 바로 증득한 지혜를 나타내되 오직 깊고도 깊은 인연자성의 가히 말할 수 없는 뜻만을 의거하였거니와 논주가 끊는다는 뜻을 겸하여 밝힌 까닭으로 자성과 모습을 함께 분별한 것이다.

처음도 중간도 뒤도 아니라고 한 것은 인연이 자성이 없음을 분별한 것이니

이것은 끊지만 끊을 것이 없는 것이요

앞에도 중간에도 뒤에도 취한다고 한 것은 곧 인연의 모습을 무너뜨리지 않는 것이니

이것은 끊을 것이 없지만 끊는 것이다.

그런 까닭으로 『대품반야경』에 말하기를 보살이 초심에 보리를 얻는 것은 아니지만 또한 초심을 떠나 얻는 것도 아니니 후심도 또한 그러하여 보리를 얻는 것이다.

비유하자면 등불을 켬에 처음 불꽃으로 심지를 태우지만[237] 또한 처음 불꽃을 떠난 것도 아니니 뒤에 불꽃도 또한 그러하여 심지를 진실로 태우는 것과 같다 하였으니

그런 까닭으로 용수가 판석하여 말하기를 부처님이 깊고도 깊은 인연으로써 답한 것이다 하였다.

『열반경』[238] 이십구권에도 또한 말하기를 중생의 오음이 비록 생각

---

237 원문에 燋는 '탈 초', 炷는 '심지 주' 자이다.
238 『열반경』이란, 북장경北藏經이다.

생각에 사라지지만 도를 수행함이 있는 것은 마치 등불이 비록
생각 생각에 사라지지만 광명이 있는 것과 같다 하였으니
이상에 인용한 모든 경론은 다 자성과 모습이 걸림이 없어서 끊을
것이 없지만 끊는 것을 나타낸 것이다.
또 지금에 경론은 반복하여 서로 성립한 것이니
말하자면 만약 결정코 끊는다고 한다면 한 생각에 곧 만족하거니
어찌 삼심²³⁹을 가자하겠는가.
이미 바야흐로 성립함을 모두 취한다고 한다면 분명히 알아라.
자성이 없다고 한 것은 처음도 중간도 뒤도 없다는 것이요
처음도 중간도 뒤도 없다고 한 것은 이것은 자성이 없는 까닭으로
바야흐로 처음에도 중간에도 뒤에도 끊는다고 함을 이룸을 얻는
것이니
이것은 곧 인연인 까닭으로 자성이 없는 것이요
자성이 없는 까닭으로 인연인 것이다.
만약 말하기를 초념初念에 곧 능히 끊었기에 후념後念에 바야흐로
구경에 끊는다고 한다면 아비담²⁴⁰교에 한 생각에 태울 수 있기에
시종에 바야흐로 다한다는 것과 다르지 않는 것이요
만약 말하기를 초념에 홀로 능히 끊지 못하였기에 중간과 뒤에
쌓아 이르러 바야흐로 능히 끊는다고 한다면 성실²⁴¹교에 한 생각에
태우지 못하였기에 상속하여 바야흐로 태운다는 것과 다르지 않나니

---

239 삼심三心이란, 初·中·後 삼심이다.
240 아비담阿毘曇이란, 소승小乘이다.
241 성실成實이란, 소승小乘 아비담의 한 부파이다.

종지를 잃지 말 것이다.

鈔

就此三時下는 二에 辯三時不同이라 疏中에 自有二種三時하니 前三時는 長이니 如下大品之文에 發心爲初요 修行爲中이요 成佛爲後하니라 後三時는 短이니 謂唯無間道니라 然無間道가 通於諸位나 今엔 且取見道하야 爲初하고 金剛爲後하니 各有三時니라 論云此智盡漏下는 第三에 依論正釋이라 文中分三하니 初는 順釋無斷義요 此擧喩釋成下는 二에 疏解經論이라 此中에 亦有古義나 至下結彈中明일새 今但直就性相無礙하야 以解正義니라 於中二니 一은 釋論이니 經文正顯證智者는 此中義大는 是不可說故로 唯顯甚深거니와 論主가 若不性相雙明인대 豈知是斷惑義리요 故大品云下는 二에 引證이니 證成論主가 如燈焰義니라 然大品經에 具云호대 須菩提白佛言호대 世尊이시여 菩薩이 爲用初心으로 得菩提닛가 爲用後心으로 得菩提닛가 初心은 不在後心하고 後心은 不在初心하야 心法不俱어니 云何善根增益하야 能得菩提릿가 佛反問言하시대 譬如然燈에 爲用初焰으로 燋炷아 爲用後焰으로 燋炷아 須菩提白佛言호대 世尊이시여 非初焰燋炷나 亦非離初焰이니 後焰亦爾하니라 佛問須菩提하사대 炷爲燋不아 須菩提白佛言호대 實燋니라 佛合喩云호대 菩薩이 不用初心으로 得菩提나 亦不離初心이니 後心亦爾하니라 從初發意로 行般若하야 具十地하야 得菩提라하니 經已分明거니 況論釋云호대 佛이 以甚深因緣法으로 答이리요 所謂不但初心得이나 亦不離初心得이

니 所以者何오 若但初心得하고 不以後心者인댄 菩薩이 初發心에 便應是佛이요 若無初心인댄 云何有第二心과 第三心이리요 以初心으로 爲根本因緣이니라 亦不但後心이나 亦不離後心者인대 是後心이 亦不離初心이니 若無初心인대 則無後心이리라 初心에 集種種無量功德하야사 後心에 卽具足할새 故能斷煩惱習하고 得無上菩提라 하니라 合喩準法인댄 此中燈은 喩菩薩道하고 炷는 喩無明等煩惱하고 焰은 如初地의 相應智慧와 乃至金剛三昧의 相應智慧하고 燋는 喩無明等煩惱燋하니라 亦非初心智焰이며 亦非後心智焰이나 而無明等燋로 成無上道니 彼旣云호대 非初나 不離初等은 則非唯但取相續之義일새 故論云甚深因緣이라하니라 又彼經中에 法喩影略하니 法說得菩提와 喩說斷煩惱의 二義相成故로 同引證이라

이 삼시에 나아가 다시 두 가지가 있다고 한 아래는 두 번째 삼시가 같지 아니함을 분별한 것이다.
소문 가운데 스스로 두 가지 삼시가 있나니
앞에 삼시는 장시長時이니
아래 대품반야의 경문에 발심이 초시가 되고 수행이 중시가 되고 성불이 후시가 된다는 것과 같다.
뒤에 삼시는 단시(短)이니
오직 무간도만 말하는 것이다.
그러나 무간도가 모든 지위에 통하지만[242] 지금에는 또한 견도를

---

[242] 원문에 통어제위通於諸位라고 한 것은 십지十地와 그리고 금강유정에 낱낱이

취하여 초시를 삼고 금강유정으로 후시를 삼나니
각각 삼시가 있다.
『십지론』에 말하기를 이 지혜가 번뇌를 다한 것이라고 한 아래는 세 번째 『십지론』을 의지하여 바로 해석한 것이다.
소문 가운데 세 가지로 나누리니
처음에는 끊을 것이 없다는 뜻을 순리대로 해석한 것이요
이것은 비유를 들어 해석하여 성립한 것이라고 한 아래는 두 번째 소가가 경론을 해석한 것이다.
이 가운데 또한 고인의 뜻[243]이 있지만 아래 결탄結彈[244] 가운데 이르러 밝힐 것이기에 지금에는 다만 자성과 모습이 걸림이 없음에 바로 나아가 정의만 해석한 것이다.
그 가운데 두 가지가 있나니
첫 번째는 『십지론』을 해석한 것이니
경문은 바로 증득한 지혜를 나타낸다고 한 것은 이 가운데 의대義大는 가히 말할 수 없는 까닭으로 오직 깊고도 깊은 것만 나타내었거니와

다 무간도無間道가 있는 까닭이다. 당시 강사는 십지十地 전전 모든 지위에 통한다 하였으나 『사기私記』 주主는 십지十地 전전 모든 지위에는 단 절복뿐이고 바로 끊는 것은 십지十地 이상에 있는 까닭으로 오직 십지十地 이후의 모든 지위에 통한다고 하였다.

243 원문에 차중유고의此中有古義라고 한 것은 이 『십지론』에서 자성과 모습을 함께 밝히는 가운데도 역시 원공遠公 고인의 뜻이 있지만, 아래 결탄하는 가운데 밝힌 까닭으로 지금에는 인용하지 않고 다만 소가의 정의正義만 밝혔을 뿐이다.

244 원문에 하결탄下結彈이란, 영인본 화엄 9책, p.348, 9행이다.

논주가 만약 자성과 모습을 함께 밝히지 않았다면 어찌 이 번뇌를 끊는다는 뜻을 알겠는가.

그런 까닭으로『대품반야경』이라고 한 아래는 두 번째 인용하여 증거한 것이니
논주가 마치 등의 불꽃과 같다고 한 뜻을 증거하여 성립한 것이다.
그러나『대품반야경』에 갖추어 말하기를 수보리가 부처님께 여쭈어 말하기를 세존이시여, 보살이 초심으로써 보리를 얻습니까, 후심으로써 보리를 얻습니까.
초심은 후심에 있지 않고 후심은 초심에 있지 않아서 마음과 법이 함께하지 않거니 어떻게 선근을 증익하여 보리를 얻겠습니까.
부처님이 반문하여 말하기를 비유하자면 등불을 켬에 처음 불꽃으로써 심지를 태우는가
뒤에 불꽃으로써 심지를 태우는가.
수보리가 부처님께 여쭈어 말하기를 세존이시여, 처음 불꽃으로 심지를 태우지만 또한 처음 불꽃을 떠난 것도 아니니 뒤에 불꽃도 또한 그러한 것과 같습니다.
부처님이 수보리에게 묻기를 심지를 태우는가.
수보리가 부처님께 여쭈어 말하기를 진실로 태웁니다.
부처님이 비유를 법합하여 말씀하기를 보살이 초심으로써 보리를 얻은 것은 아니지만 또한 초심을 떠난 것도 아니니 후심도 또한 그러한 것이다.
처음 발심한 뜻으로 좇아 반야를 행하여 십지를 갖추어 보리를

얻는 것이다 하였으니
경에 이미 분명하게 말하였거니 하물며 논에 해석[245]하여 말하기를 부처님이 깊고도 깊은 인연의 법으로써 답함이겠는가.
말하자면 다만 초심으로 얻는 것이 아니지만 또한 초심으로 얻음을 떠난 것도 아니니[246]
무슨 까닭인가.
만약 다만 초심으로만 얻고 후심으로써 얻지 못한다고 한다면 보살이 처음 발심함에 곧 응당히 부처를 이룰 것이요
만약 초심이 없다고 한다면[247] 어떻게 제이심과 제삼심이 있겠는가.
초심으로써 근본 인연을 삼는 것이다.
또 다만 후심으로 얻는 것이 아니지만 또한 후심을 떠난 것도 아니라고 한다면 이것은 후심이 또한 초심을 떠난 것이 아니니
만약 초심이 없다고 한다면 곧 후심도 없을 것이다.
초심에 가지가지 한량없는 공덕을 모아야 후심에 곧 구족하기에 그런 까닭으로 능히 번뇌의 습기를 끊고 무상보리를 얻는다[248] 하

---

245 원문에 논석論釋이라고 한 것은 소문疏文에 용수판운龍樹判云이라 하였다. 즉 용수가 『지론智論』을 지어 『대품반야경大品般若經』을 해석한 것이다.

246 원문에 부단초심득不但初心得이라고 한 것은 자성을 말하고, 불리초심득不離初心得이라고 한 것은 모습을 말하는 것이니 자성과 모습을 함께 밝히는 까닭으로 깊고도 깊은 인연의 법法으로 답한다는 것이다.

247 원문에 약단초심득若但初心得下는 위에 부단초심득不但初心得이라 한 것을 해석하고, 약무초심若無初心下는 위에 불리초심득不離初心得이라 한 것을 해석한 것이다.

248 원문에 득무상보리得無上菩提까지가 논석論釋이다.

였다.

비유로 기준하여 법을 합한다면 이 가운데 등불은 보살도에 비유하고

심지는 무명 등 번뇌에 비유하고

불꽃은 초지의 상응 지혜와 내지 금강삼매의 상응 지혜와 같고 태우는 것은 무명 등 번뇌를 태움에 비유한 것이다.

또한 초심 지혜의 불꽃도 아니며 또한 후심 지혜의 불꽃도 아니지만 무명 등을 태움으로 무상도를 이루나니

저 『대품반야경』에 이미 말하기를 초심에 보리를 얻는 것은 아니지만 초심을 떠나 얻는 것도 아니라고 한 등은 곧 오직 다만 상속의 뜻만을 취한 것이 아니기에[249] 그런 까닭으로 논에 말하기를 깊고도 깊은 인연[250]이라 한 것이다.

또 저 『대품반야경』 가운데 법과 비유가 그윽이 생략되었으니 법설에 보리를 얻는다는 것과 유설에 번뇌를 끊는다는 두 가지 뜻이 서로 성립하는 까닭으로 다 같이[251] 인용하여 증거한 것이다.

涅槃二十九等者는 然涅槃云호대 念念滅者는 即是空義니 由念念

---

[249] 원문에 비유단취지의非唯但取之義라고 한 것은 대개 상속이란 곧 일향一向에 초심初心과 일향一向에 중심中心과 일향一向에 후심後心이 아니고 이에 삼시三時에 상속한다는 뜻이다.

[250] 원문에 심심인연甚深因緣이라고 한 것은 곧 자성과 모습을 함께 밝혀 끊지만 끊을 것이 없다는 뜻이 있는 것으로써 깊고도 깊은 인연을 삼는 것이다.

[251] 원문에 동고同故는 故同이라 해야 한다.

滅이 是無性故로 不同小乘하니라 何以得知고 彼經初에 師子吼問云
호대 衆生五陰이 空無所有어니 誰有受敎하야 修集道者리가 佛便以
此로 經答云호대 雖念念滅이나 而有修道라하니 明知念念滅이 卽是
空義일새 故義符今論에 性相雙明하니라 又今經論下는 重結正義니
謂非唯無礙라 而又相成이니 前則事不礙理하며 理不礙事하야 性相
雙存이요 今則依理成事하며 事能顯理하야 亦含雙奪이니라 此則因
緣故等者는 卽中論云호대 若法從緣生인댄 是則無自性이요 若無自
性者인대 云何有是法이리요하니 卽緣生故로 空義也니라 次云無性
故因緣者는 卽中論云호대 以有空義故로 一切法得成이라하니 卽無
性故有義也니라 若云初念則能斷下는 第四에 結彈古義니 卽遠公
解니라 前解經云호대 治必階漸하야 非定始終일새 故云非初亦非中
後이라하얏거니와 正論其果인댄 斷在窮終하야 不得說言非初中後니
라 今乃據果하야 反談昔因인대 因時不頓일새 是故로 說言非初中後
라하고 下釋論의 言非初智斷이며 亦非中後云호대 非初智獨斷하며
中後亦然하니 通取三時하야사 方能盡結이라하며 次釋論云호대 若
爾인댄 云何斷고 如燈焰이 非初中後나 前中後取라하니 不異毘曇의
一念有燒일새 始終方盡하나니 治結同然이요 若依成實의 一念不燒
일새 相續方然인댄 治結亦爾이요 若依大乘의 慧心明勝인댄 一念能
斷이나 但相續始終하야사 方盡究竟일새 故經說言호대 念念에 具足
一切助道라하니 於一念中에 尙能具足一切道品거니 何有不能斷除
煩惱리요만은 但相續始終하야사 方盡究竟일새 是故로 今說前中後
取라하니 如義正知를 名之爲取라하니 釋曰此公이 雖明大乘慧勝이
나 要明具足三時하야 始終方斷일새 故疏不依하고 但依前하야 爲正

義하야 約性相無礙니라 釋云今依其義하야 開爲兩關難하야 令同彼
毘曇成實케하나니 謂應問言호대 爲初念卽斷일새 後念에 方究竟耶
아 爲初念不斷일새 積至後念하야사 方能斷耶아 依初則同毘曇이요
依後則同成實이니라 一念에 具足道品인댄 何所證耶아 又但成於斷
惑之義하고 不知斷而不斷호미 不斷煩惱하고 入涅槃義일새 故結彈
云호대 莫失宗旨라하니라

『열반경』이십구권 등이라고 한 것은 그러나 『열반경』에 말하기를
생각 생각에 사라지는 것은 곧 이것은 공의 뜻이니 생각 생각에
사라지는 것이 이 자성이 없음을 인유한 까닭으로 소승과는 같지
않는 것이다.
어찌하여 그런 줄 앎을 얻는가.
저 『열반경』 초두에 사자후보살이 물어 말하기를 중생의 오음이
공하여 있는 바가 없거니 누가 가르침을 받아 도를 닦아 모으는
사람이 있겠습니까.
부처님이 곧 이 물음으로써 경에 답하여 말하기를 비록 생각 생각에
사라지지만 도를 닦는 사람이 있다 하였으니
분명히 알아라. 생각 생각에 사라지는 것이 곧 이 공의 뜻이기에
그런 까닭으로 그 뜻이 지금 『십지론』에 자성과 모습을 함께 밝힘에
부합하는 것이다.

또 지금에 경론이라고 한 아래는 정의를 거듭 맺는 것이니
말하자면 오직 걸림이 없을 뿐만 아니라 또 서로 성립하나니

앞[252]에서 말한 것은 곧 사실이 진리에 걸리지 아니하며 진리가 사실에 걸리지 아니하여 자성과 모습이 함께 존재하는 것이요 지금에는 곧 진리를 의지하여 사실을 이루며 사실이 능히 진리를 나타내어 또한 함께 빼앗음을 포함하고 있는 것이다.

이것은 곧 인연인 까닭이라고 한 등은 곧 『중론』에 말하기를

만약 법이 인연으로 좇아 생기한다면
이것은 곧 자성이 없는 것이요
만약 자성이 없다면
어떻게 이 법이 있겠는가 하였으니

곧 인연으로 생기한 까닭으로 공하다는 뜻이다.
다음에 말하기를[253] 자성이 없는 까닭으로 인연이라고 한 것은 곧 『중론』에 말하기를 공의 뜻이 있는 까닭으로 일체법이 성립함을 얻는다 하였으니
곧 자성이 없는 까닭으로 있다는 뜻이다
만약 말하기를 초념에 곧 능히 끊었다고 한 아래는 네 번째 고인의 뜻을 맺어 탄핵하는 것이니 곧 혜원법사의 해석[254]이다.

---

252 앞이란, 又今經論前也니, 즉 또 지금 경론이라고 한 앞이다.
253 원문에 차운次云이라 한 次는 소문疏文에 인연고무자성因緣故無自性이라 한 말 다음이라는 것이다.
254 원문에 즉원공석卽遠公釋이라고 한 것은 대개 원공遠公의 뜻인즉 초初, 중中,

앞에 경을 해석하여 말하기를 다스림에 반드시 단계별로 점점 다스려 처음과 끝을 결정하지 않기에 그런 까닭으로 처음도 아니고 또한 중간도 뒤도[255] 아니다 하였거니와, 그 결과를 바로 논한다면 끊는 것이 궁종窮終에 있어서 처음도 중간도 뒤도 아니라고 말함을 얻을 수 없는 것이다.

지금에 이에 그 결과를 의거하여 반대로 옛날의 인행을 말한다면 인행시에 한꺼번에 닦은 것이 아니기에 이런 까닭으로 처음도 중간도 뒤도 아니라고 말하고, 아래에 『십지론』의 초시에 지혜가 끊는 것도 아니며 또한 중시, 후시도 아니라고 말한 것을 해석하여 말하기를 초시에 지혜가 홀로 끊지 못하며 중시도 후시도 또한 그러하나니, 삼시를 모두 취하여야 바야흐로 능히 번뇌를 끊어 다한다 하였으며 다음에 『십지론』을 해석[256]하여 말하기를 만약 그렇다고 한다면 어떻게 끊는가. 마치 등불이 처음도 중간도 뒤도 아니지만 처음(前)에도 중간에도 뒤에도 취하는 것과 같다 하였으니

아비담교에[257] 한 생각에 태움이 있기에 시종에 바야흐로 다한다는

후後가 아니라고 한 것은 오직 일시一時뿐이라고 한 것을 막고, 初, 中, 後를 취한다고 한 것은 삼시三時가 구족함을 나타내는 것이니, 그런 까닭으로 다만 번뇌를 끊는다는 한 뜻만 해석하고 자성이 없다는 뜻은 알지도 못하였다는 것이다. 소문疏文은 영인본 화엄 9책, p.343, 2행이고, 약운초녑若云初念 운운은 영인본 화엄 9책, p.344, 5행이다.

255 원문에 중후中後 운운은 中後"어니와" 其果"인댄" 非初中後"로대" 토吐라고 『유망기』는 말하였으나 지금에 우납이 번역한 吐가 좋다.
256 원문에 차석론次釋論이란, 원공遠公이 『십지론十地論』을 해석한 것이다.
257 원문에 불이비담不異毘曇 등이라고 한 것은 『십지론十地論』 가운데 처음도

것과 다르지 않나니 번뇌를 다스리는 것도 다 그러한 것이요

만약 성실교에 한 생각에 태우지 못하였기에 상속하여 바야흐로 태운다고 한 것을 의지한다면 번뇌를 다스리는 것도 또한 그러한 것이요

만약 대승교에 지혜의 마음이 밝고 수승하다고 한 것을 의지한다면 한 생각에 능히 끊지만 다만 시종에 상속하여야 바야흐로 구경에 끊어 다하기에 그런 까닭으로 경에 말하기를 생각 생각에 일체 조도법을 구족한다 하였으니

한 생각 가운데 오히려 능히 일체 조도품을 구족하거니 어찌 능히 번뇌를 끊어 제멸하지 못함이 있으리요만은 다만 시종에 상속하여야 바야흐로 구경에 끊어 다하기에 이런 까닭으로 지금 『십지론』에 처음에도 중간에도 뒤에도 취한다 말하였으니, 뜻과 같이 바로 아는 것을 이름하여 취하는 것이라 한다[258] 하였다.

중간도 뒤도 아니지만이라고 한 말이 만약 소승을 상대한다면 곧 아비담교에 한 생각에 태움이 있다는 등과 성실교에 한 생각에 태우지 못한다는 등과 다르지 않거니와, 만약 대승을 의지한다면 곧 이것은 한 생각에 능히 끊지만 다만 시종始終에 상속하여야 끊는다고 하는 등이 되는 것이다. 그러한즉 먼저 소승을 거론한 것은 그 뜻이 장차 대승과 다름을 가리고자 함에 있는 것이요, 뒤에 대승을 밝힌 것은 바야흐로 대승을 바로 의지하는 것이다. 그러나 그 한 생각에 능히 끊지만이라고 한 등이 저 아비담교와 성실교로 더불어 무엇이 다른 바인가. 끝내 청량이 양관兩關의 비난을 깨뜨림을 면할 수 없는 까닭이다. 『유망기』에는 毘曇"에" 有燒"하야" 方盡"이니" 同然"이요" 亦爾"요" 大乘"인댄" 明勝"일새" 能斷"호대" 토吐라 하였으나 나의 吐가 좋다

258 원문에 위로爲取까지가 원공遠公의 해석이다.

해석하여 말하면²⁵⁹ 이 원공遠公법사가 비록 대승의 지혜가 수승함을 밝혔으나 반드시 삼시를 구족하여 시종에 바야흐로 끊는 것을 밝히기에 그런 까닭으로 소가가 원공법사를 의지하지 않고 다만 앞²⁶⁰을 의지하여 정의를 삼아 자성과 모습이 걸림이 없음을 잡은 것이다.
해석하여 말하면 지금에 그 뜻을 의지하여²⁶¹ 열어서 양관兩關의 비난²⁶²을 삼아 하여금 아비담교와 성실교와 같게 하나니
말하자면 응당 물어 말하기를 초념에 곧 끊었기에 후념에 바야흐로 구경에 끊음이 되는가²⁶³
초념에 끊지 못하였기에 후념에 쌓아 이르러야 바야흐로 능히 끊음이 되는가.²⁶⁴

---

259 원문에 석왈釋曰은 청량의 말이다.
260 앞이란, 영인본 화엄 9책, p.343, 5행이다. 그리고 같은 책 p.344, 1행에 상제경론上諸經論은 현성상무애顯性相無碍하야 무단지단無斷之斷이라 하였다.
261 원문에 석운금의釋云今依 운운은 지금에 원공이 대승의 뜻을 잡은 것을 의지하였으나 끊는 것은 소승과 같나니, 말하자면 비록 대승을 의지하였으나 도리어 소승의 이유二喩(아비담, 성실론)와 같다는 것이다. 양관兩關 가운데 초념에 끊었기에 운운한 것과 초념에 끊지 못하였기에 운운한 것이 모두 다 위에 대승의 한 생각에 능히 끊는다고 한 것을 좇아 말한 것이지만 다만 상속하여야 바야흐로 다한다는 말만 생긴 것뿐이니, 말하자면 한 생각에 능히 끊지만 아직 끊어 다하지 못한 까닭으로 시종에 상속하여야 바야흐로 다하는가. 한 생각에 능히 끊지만 능히 다 끊지 못한 까닭으로 후념에 쌓아 이르러야 바야흐로 능히 끊는가 한 것이다.
262 원문에 양관난兩關難이라고 한 것은 소문에 약운초념若云初念 운운 이하이다.
263 一難.
264 二難.

처음에 물은 뜻을 의지한다면 곧 아비담교와 같고 뒤에 물은 뜻을 의지한다면 성실교와 같다.
한 생각에 조도품을 구족한다고 한다면[265] 어찌 증득할 바가 있겠는가.
또 다만 번뇌를 끊는다는 뜻만 성립하고 끊지만 끊을 것이 없다는 것이 번뇌를 끊지 않고 열반에 들어간다는 뜻인 줄 알지 못하기에 그런 까닭으로 결탄結彈[266]하여 말하기를 종지를 잃지 말 것이다 하였다.

疏

上猶通實敎어니와 若依圓宗인댄 所斷之惑이 一迷一切迷일새 一斷一切斷하야 無斷無不斷하니라 若具顯諸宗差別인댄 如別行章하니라

이상은 오히려 대승실교에 통하거니와 만약 일승원종을 의지한다면 끊을 바 번뇌가 하나를 미함에 일체를 미하기에[267] 하나를 끊음에 일체를 끊어 끊을 것이 없지만 끊지 아니함이 없는 것이다.
만약 모든 종파의 차별을 갖추어 나타낸다면 별행장別行章과 같다.

---

265 원문에 일념구족도품一念具足道品이라고 한 것은 원공遠公의 말이다.
266 결탄結彈이란, 원공遠公을 결탄結彈한 것이다.
267 원문 迷 자 아래 어떤 본엔 故 자가 있다.

鈔

若具顯下는 指廣從略이니 廣如五敎義分齊中하니 卽是別章이라 上已略辯하니 謂結彈同毘曇成實은 卽小乘斷結義요 引唯識文과 及具三時는 卽初敎義요 正約性相無礙는 卽實敎義요 第五에 結成圓融中은 正顯圓敎義요 於無斷無不斷中은 兼頓敎義니 謂若無斷者인댄 一切契理故요 無不斷者인댄 一斷一切斷故니 卽圓敎義니라 若云尙無有斷거니 何有無斷이리요 性本寂寥하야 言亡慮絶로 說爲斷者인댄 卽頓敎義니라 第二에 斷煩惱는 竟이라

만약 모든 종파의 차별을 갖추어 나타낸다면이라고 한 아래는 광설함을 가리켜 약설함을 좇는 것이니
널리는 오교장 의리분제 가운데 설한 것과 같나니
곧 이것이 별행장이다.
위에서 이미 간략하게 분별하였으니
말하자면 아비담교와 성실교와 같다고 결탄한 것은 곧 소승교에서 번뇌를 끊는 뜻이요
『유식론』문과 그리고 삼시를 구족하여야 끊는다고[268] 함을 인용한 것은 곧 대승초교[269]의 뜻이요
바로 자성과 모습이 걸림이 없음을 잡은 것은 곧 대승실교의 뜻이요
제 다섯 번째 원융을 맺어 성립하는 가운데는 바로 원교의 뜻을

---

268 원문에 구족삼시단具足三時斷이라고 한 것은 원공遠公의 말이다.
269 초교初敎는 시교始敎이다.

나타낸 것이요

끊을 것이 없지만 끊지 아니함이 없다는 가운데는 돈교의 뜻을 겸하여 나타낸 것이니

말하자면 만약 끊을 것이 없다고 한다면 일체가 진리에 계합한 까닭이요

끊지 아니함이 없다고 한다면 하나를 끊음에 일체를 끊는 까닭이니 곧 원교의 뜻이다.

만약 말하기를 오히려 끊을 것이 없거니 어찌 끊지 못할 것이 있겠는가. 자성이 본래 고요하여 말을 잃고 생각이 끊어진 것으로 끊는다고 말한다면 곧 돈교의 뜻이다.

제 두 번째[270] 번뇌를 끊는다고 한 것은 마친다.

疏

非言詞下에 三句는 明三德者는 初句는 卽般若니 是觀行相이니 謂無分別觀이 體絶名言하야 眞智內發일새 不同聲聞의 依聲而悟하니라 前云觀智는 約其決了요 此云觀行은 約行契極이라

말로 설할 바도 아니라고 한 아래에 세 구절은 삼덕을 밝힌다고 한 것은 처음 구절은 곧 반야이니 이것은 관찰하는 행의 모습이니 말하자면 무분별관이 자체가 이름과 언어를 끊어 진실한 지혜가

---

270 제 두 번째 운운은 영인본 화엄 9책, p.330, 7행에서 말한 다섯 가지 해탈의 모습 가운데 제 두 번째이다.

안으로 일어나기에 성문이 소리를 의지하여 깨닫는 것과는 같지 않는 것이다.

앞[271]에 관찰하는 지혜의 모습이라고 말한 것은 그 지혜가 결정코 요달함을 잡은 것이요

여기에 관찰하는 행의 모습이라고 말한 것은 행이 종극에 계합함을 잡은 것이다.

鈔

三句明三德者는 卽前體德圓備니 是涅槃之相이라하니라 若別說者인댄 法身은 是體요 般若解脫은 是德이어니와 若通相說인댄 三皆稱德이니 合爲涅槃之體일새 故云三德涅槃이라하니 卽對前解脫於諸趣니라 諸趣가 有三雜染하니 般若는 對煩惱하고 解脫은 對業繫하고 法身은 對生苦니 翻三雜染하야 成三德涅槃이라 釋此三德에 疏文有三하니 先은 觀行相이요 二는 轉依相이요 三은 解脫相이라 初句卽般若者는 指經辯德이니 卽非言辭所及也니라 言是觀行相者는 依論立名이라 然論에 無觀行之言이나 依下結中에 云如是觀故로 立其名耳니라 謂無分別觀下는 取論意釋이니 而論具云호대 如是解脫은 可同他音聲觀耶아 不也니라 云何觀고 偈言호대 非言辭所說이라하니 離語言故니라 此論有三節하니 初는 反問辯非요 二에 云何觀下는 順問彰是요 三에 離語言故者는 釋是異非라 前云觀智下는 後에 揀濫이니 前卽涅槃平等住니라 前云호대 一은 等二際니 是觀智相이라하니 謂

---

[271] 앞이란, 영인본 화엄 9책, p.330, 7행이다.

以智로 決了生死涅槃의 二平等理요 今卽三德中에 般若니 以行契實이라 餘如前會하니라(補曰三相에 分三科라)

세 구절은 삼덕을 밝힌 것이라고 한 것은 곧 앞[272]에 자체가 공덕을 원만하게 갖춘 것이니 이것은 열반의 모습이다 하였다.
만약 별상으로 말한다면 법신은 이 자체이고 반야와 해탈은 이 덕이거니와
만약 통상으로 말한다면 세 가지를 다 덕이라고 이름하나니
이 세 가지를 합하여 열반의 자체를 삼기에 그런 까닭으로 말하기를 삼덕열반이다 하였으니
곧 앞의 경문에 모든 곳(諸趣)에서 해탈한다고 한 것을 상대한 것이다.
모든 곳(諸趣)이라고 한 것이 세 가지 잡염[273]이 있나니
반야는 번뇌잡염을 대치하고, 해탈은 업계잡염을 대치하고, 법신은 고생잡염을 대치하는 것이니
세 가지 잡염을 번복하여 삼덕열반을 이루는 것이다.
이 삼덕을 해석함에 소문이 세 가지가 있나니
먼저는 관행의 모습이요
두 번째는 전의轉依의 모습이요

---

272 앞이란, 영인본 화엄 9책, p.330, 7행이다.
273 원문에 삼잡염三雜染이라고 한 것은 사전辭典에 번뇌잡염煩惱雜染과 업잡염業雜染과 고잡염苦雜染이라 하고 고잡염苦雜染은 생잡염生雜染이라고도 한다 하였다. 따라서 고생잡염苦生雜染은 곧 고잡염苦雜染이라 하겠다.

세 번째는 해탈의 모습이다.

처음 구절은 곧 반야라고 한 것은 지금 경을 가리켜 덕을 분별한 것이니 곧 말로써 미칠 바가 아니다.
이것은 관행의 모습이라고 말한 것은 『십지론』을 의지하여 이름을 세운 것이다.
그러나 『십지론』에는 관행이라는 말이 없지만 아래 맺는²⁷⁴ 가운데 이와 같이 관찰한다고 말한 것을 의지한 까닭으로 그 이름을 세운 것이다.
말하자면 무분별이라고 한 아래는 『십지론』을 취하여 뜻으로 해석한 것이니
『십지론』에 갖추어 말하기를 이와 같은²⁷⁵ 해탈은 가히 저 음성과 같이 관찰하는가.
아니다.
어떻게 관찰하는가.
게송에 말하기를 말로 설할 바가 아니다 하였으니
말을 떠난 까닭이다.
이 『십지론』이 삼절이 있나니
처음에는 반문하여 그름을 분별한 것이요
두 번째 어떻게 관찰하는가 한 아래는 순리대로 물어 옳음을 밝힌

---

274 원문에 하결下結이란, 『십지론十地論』이다.
275 원문에 여시시如是時의 時 자는 衍이다.

것이요

세 번째 말을 떠난 까닭이라고 한 것은 옳은 것이 그른 것과 다름을 해석한 것이다.

앞에 관찰하는 지혜의 모습이라고 말한 것이라고 한 아래는 뒤에 혼란함을 가린 것이니

앞에서 말한 것은 열반에 평등하게 머문다는 것이다.

앞에서 말하기를 첫 번째는 이제二際와 같나니 이것은 관찰하는 지혜의 모습이다 하였으니

말하자면 지혜로써 결정코 생사와 열반의 두 가지가 평등한 진리임을 아는 것이요

지금에는 곧 삼덕 가운데 반야이니 행으로써 진실에 계합하는 것이다.

나머지는 앞에서 회통한 것과 같다.

(보증하여 말하기를 삼상三相[276]에 삼과三科를 나누었다.)

疏

次句는 法身이니 是轉依相이니 謂轉無常依를 云出過三世라하니 故此微智가 依常法身이라 論云호대 非如無常意識智가 依止無常因緣者는 此揀未轉依時니 今爲所轉依也니라 無常意識智는

---

[276] 삼상三相이란, 관행상觀行相과 전의상轉依相과 해탈상解脫相이다.

是彼能依요 無常因緣은 卽是所依요 持種本識은 是無常因이요 所持染淨의 諸種子等은 是無常緣이니 依此因緣하야 起無常意識이라 今轉無常識하야 成妙觀察智하고 轉無常意하야 成平等性智로 以爲能依하며 依彼本識에 如來藏性의 眞如法身으로 以爲所依니라 論云호대 如修多羅中에 決定說者는 是了義故니 涅槃經說호대 轉無常識하야 獲常識故라하니 諸大乘經에 其文非一이니라 問이라 所依本有일새 可得是常거니와 能依修起어니 寧無生滅이리요 若依唯識인댄 所依常故로 能依도 亦說爲常이나 非自性常이니 是有爲故라하얏거니와 若起信等인댄 始覺同本하야 亦皆是常이라하며 勝鬘經云호대 一切法常住故라하니라

다음 구절은 법신이니 이것은 전의[277]의 모습이니
말하자면 무상을 전하여 의지하는 것을 삼세에서 벗어난다 말하였으니
그런 까닭으로 이 미묘한 지혜가 영원한 법신을 의지하는 것이다.
『십지론』에 말하기를 무상한 의식意識의 지혜가 무상한 인연을 의지하는 것과는 같지 않다고 한 것은 이것은 전하여 의지하기 이전의 시간을 가리는 것이니
지금에는 전하여 의지하는 바가 되는 것이다.

---

277 원문에 전의轉依라고 한 것은 轉하여 의지한다는 것은 회전回轉의 뜻이고, 의지함을 轉한다는 것은 전이轉離의 뜻이니 두 가지 해석이 있다 하겠다. 초문鈔文을 참고하라.

무상한 의식의 지혜는 이것은 저 능의能依요
무상한 인연은 곧 이것은 소의所依요
종자를 가지는 본식은 이것은 무상한 원인이요
가지는 바 염정의 모든 종자 등은 이것은 무상한 조연이니
이 인연을 의지하여 무상한 의식을 일으키는 것이다.
지금에는 무상한 식식을 전하여 묘관찰지를 이루고, 무상한 의의를 전하여 평등성지를 이루는 것으로써 능의를 삼으며
저 본식에 여래장 자성의 진여법신을 의지하는 것으로써 소의를 삼는 것이다.
『십지론』에 말하기를 수다라 가운데 결정코 설한 것과 같다[278]고 한 것은 이것은 요의경인 까닭이니
『열반경』에 말하기를 무상한 식을 전하여 영원한 식을 얻는 까닭이다 하였으니
모든 대승경전에 그런 문장이 하나가 아니다.

물겠다.
소의[279]는 본래 있는 것이기에 가히 영원하다고 함을 얻거니와 능의[280]는 닦아서 생기하거니 어찌 생멸이 없겠는가.
만약 『유식론』을 의지한다면 소의가 영원한 까닭으로 능의도 또한

---

278 원문에 如 자도 『십지론十地論』 文이다. 『십지론』엔 說 자 아래에 차해탈此解脫이라는 세 글자(三字)가 더 있다.
279 소의所依는 진여법신眞如法身이다.
280 능의能依는 평등성지平等性智와 묘관찰지妙觀察智이다.

영원하다고 말하지만 자성이 영원함을 말한 것이 아니니 이것은 유위有爲인 까닭이다 하였거니와

만약 『기신론』등을 의지한다면 시각이 본각과 같아서 또한 다 영원하다 하였으며

『승만경』에는 말하기를 일체법이 영원히 머무는 까닭이다 하였다.

鈔

次句法身等者는 法身은 是擧德이니 異前般若요 是轉依相은 依論立名이라 轉是迴轉이니 先是無常이나 今皆常故요 轉亦離義니 離於無常惑業等故니라 謂轉無常依下는 以論意釋이라 然唯識中에 轉依有四하니 一은 能轉道라 此復有二하니 一은 能伏道니 謂伏二障의 隨眠勢力하야 不令引起二障現行케하니라 此通有漏와 無漏二道와 加行根本과 後得三智하나니 隨其所應하야 漸頓伏彼라하니라 釋曰六行伏惑은 是曰有漏요 加行은 漸伏이요 根本後得은 能頓伏故니라 二는 能斷道니 謂能永斷二障隨眠이니 此道도 定非有漏加行이라하니라 釋曰二道에 除有漏하고 三智에 除加行이라 論釋除有漏가 有二義故니 一은 有漏曾習하야 相執所引이요 二는 未泯相故니라 論釋除加行 云호대 加行은 趣求일새 所證所引을 未成辦故라하니라 釋曰取根本者는 根本은 正能斷惑故요 取後得者는 後得은 雖不能斷迷理隨眠이나 而於安立非安立相이 明了現前하야 無倒證故요 亦能永斷迷事隨眠이라 二는 所轉依니 此亦有二하니라 一은 持種依니 謂卽本識이라 由此能持染淨法種하야 與染淨法으로 俱爲所依일새 聖道에 轉令

捨染得淨케하니라 餘依他起는 雖亦是依나 而不持種일새 故此不說하니라 二는 迷悟依니 謂卽眞如라 由此能作迷悟根本하야 諸染淨法이 依之得生일새 聖道에 轉令捨染得淨케하니라 餘는 雖亦作迷悟法依나 而非根本일새 故此不說하니라

다음 구절은 법신이라고 한 등은 법신은 이것은 덕을 거론한 것이니 앞의 반야와 다른[281] 것이요
이것은 전의의 모습이라고 한 것은 『십지론』을 의지하여 이름을 세운 것이다.
전轉이라고 한 것은 이것은 회전이니
먼저는 무상하였지만 지금에는 다 영원한 까닭이요
전이라고 한 것은 또한 떠난다는 뜻이니
무상과 번뇌와 업 등을 떠나는 까닭이다.
말하자면 무상을 전하여 의지한다고 한 아래는 『십지론』의 뜻으로써 해석한 것이다.
그러나 『유식론』 가운데 전의轉依[282]가 네 가지가 있나니
첫 번째는 능전의 도道이다
여기에 다시 두 가지가 있나니

---

281 원문에 이전반야異前般若라고 한 것은 위에 반야의 모습 가운데는 삼덕三德을 분별하는 아래 경구經句를 지출指出하였으나 지금에는 소문疏文 가운데 이미 指出한 까닭으로 指出하지 않기에 다르다는 것이다. 上 영인본 화엄 9책, p.352, 2행 이하를 참조하라.
282 전의轉依란, 『불교사전佛敎辭典』을 참고하라.

첫 번째는 능복能伏의 도²⁸³이니

말하자면 이장二障의 수면 세력을 조복하여²⁸⁴ 하여금 이장의 현행을 이끌어 생기하지 못하게 하는 것이다.

이것은 유루와 무루의 이도二道와 가행과 근본과 후득지의 세 가지 지혜에 통하나니

그 응하는 바를 따라서 점漸과 돈頓으로 저 장애를 조복한다 하였다.

해석하여 말하면 육바라밀행으로 번뇌를 조복하는²⁸⁵ 것은 이것은 유루도를 말하는 것이요

가행지²⁸⁶는 점점 조복하는 것이요

근본지²⁸⁷와 후득지는 능히 한꺼번에 조복하는 까닭이다.

---

283 원문에 능복도能伏道라고 한 것은 지전地前과 지상地上에 통한다.
284 원문에 一은 능복도能伏道니 위복이장수면謂伏二障隨眠이라고 한 것은 분별과 구생의 수면에 통하는 것이니, 말하자면 십지 이전에 유루의 가행지로써 이장二障의 분별과 수면을 점점 조복하여 초지初地의 견도시見道時에 이르러 무루의 근본과 후득의 두 가지 지혜로써 능히 이장의 분별을 끊어 영원히 다하고, 십지 이상에 유루의 가행지로써 이장의 구생 가운데 수면을 한꺼번에 조복하다가 능단能斷의 도道에 이르러 무루의 근본과 후득의 두 가지 지혜로써 바야흐로 능히 끊는 것이다. 지위 지위마다 아직 지위에 들어가지 못한 때에 다 유루의 가행지로써 점점 조복하고 근본과 후득의 두 가지 지혜로써 한꺼번에 조복하여 각각 바로 지위에 들어가 일분一分을 증득할 때에 능히 수면의 일분을 끊는 것이니 이것은 지증智增을 잡아 말한 것이다. 비증悲增인 즉 구생 가운데 번뇌와 현행은 팔지에 바야흐로 끊고 수면은 금강유정에 이르러 바야흐로 끊는 것이다.
285 원문에 육행복혹六行伏惑이라고 한 것은 점복漸伏이니 유루도에 국한한다.
286 가행加行과 후득後得은 점복漸伏이나 유루, 무루에 통한다.

두 번째는 능단能斷의 도²⁸⁸이니

말하자면 능히 이장二障의 수면을 영원히 끊는²⁸⁹ 것이니 이 도는 결정코 유루도와 가행지가 아니다 하였다.

해석하여 말하면 이도二道에 유루도를 제외하고 세 가지 지혜에 가행지를 제외한 것이다.

『유식론』²⁹⁰에 유루도를 제외하는 것을 해석한 것이 두 가지 뜻이 있는 까닭이니

첫 번째는 유루도에 일찍이 익혀²⁹¹ 서로 집착하여 이끌어 생기하는 바요

두 번째는 아직 이 모습을 끊어 없애지 못한 까닭이다.

『유식론』²⁹²에 가행지를 제외하는 것을 해석하여 말하기를 가행지는 나아가 구하기에 증득하는 바(所證)와 이끌어 생기하는 바(所引)를

---

287 근본根本은 돈복頓伏이니 오직 무루에 국한한다.
288 원문에 능단도能斷道라고 한 것은 오직 지상地上에만 국한한다.
289 원문에 영단이장수면永斷二障隨眠이라고 한 것은 근본무분별지根本無分別智라야 영원히 이장二障의 수면을 끊는다.
290 『유식론唯識論』은 第十卷이다.
291 원문에 一은 유루증습有漏曾習 운운은 저 『유식론』 註에 말하기를 제칠식第七識이 생각 생각에 我에 집착하여 제육식의 행한 바 보시 등으로 하여금 일찍이 익혀 서로 집착하는 것이다 하나니, 비록 유루도가 항상 현행을 일으키지만 손해되는 바도 없고 이익되는 바도 없는 까닭으로 능단의 도에 오직 무루도만을 취한다 말한 것이다 하였다. 『유식술기』에 말하기를 一은 증습曾習이요 二는 상집소인相執所引이요 三은 미능민복멸차상고未能泯伏滅此相故라 하였다.
292 『유식론』은 역시 『유식론唯識論』 第十卷이다.

아직 이루어 갖추지 못한²⁹³ 까닭이다 하였다.

해석하여 말하면 근본지를 취하는 것은 근본지는 바로 능히 번뇌를 끊는 까닭이요

후득지를 취하는 것은 후득지는 비록 능히 진리를 미한 수면을 끊지 못하였지만 안립과 비안립의 모습이 앞에 나타남을 분명하게 알아 거꾸로 증득함이 없는 까닭이요

또한 능히 사실에 미한 수면을 영원히 끊는 것이다.

두 번째는 소전의所轉依²⁹⁴니

여기에 또한 두 가지가 있다.

첫 번째는 지종의持種依²⁹⁵니

말하자면 곧 제팔 근본식이다.

이 식이 능히 염법과 정법의 종자를 가짐을 인유하여 염법과 정법으로 더불어 함께 의지하는 바를 삼기에 성도聖道에 전전히 하여금 염법을 버리고 정법을 얻게 하는 것이다.

나머지 의타기성은²⁹⁶ 비록 또한 의지하지만 종자를 의지하지 않기에

---

293 원문에 소증소인미성판所證所引未成辦이라고 한 것은 증득할 바 과보와 인발할 바 공덕을 나아가 구하였으나 아직 능히 이루어 갖추지 못한 까닭이라는 것이다. 『잡화기雜華記』엔 소증所證은 과과이고 소인所引은 무루법無漏法이다 하고, 당시에 강사가 소증은 진여로서 근본지의 소증이고 소인은 후득지로서 근본지의 소인이다 하니, 아닌 듯하다 하였다.

294 원문에 二는 소전의所轉依라고 한 것은 『유식론』 註에 말하기를 소전所轉은 곧 이 유루와 무루의 종자이고, 이 종자는 반드시 의지하는 바가 있기에 소전의라 이름하나니, 의지함에 眞과 妄이 있다 하였다.

295 지종의持種依라고 한 것은 종자를 가져 의지한다는 뜻이다.

그런 까닭으로 여기서는 말하지 않는다.

두 번째는 미오의迷悟依니

말하자면 곧 진여이다.

이 진여가 능히 미오의 근본을 지음을 인유하여 모든 염정의 법이 이것을 의지하여 생기함을 얻기에 성도에 전전히 하여금 염법을 버리고 정법을 얻게 하는 것이다.

나머지 의타기성은 비록 또한 미오의 법을 지어[297] 의지하지만 근본이 아니기에 그런 까닭으로 여기서는 말하지 않는다.

---

296 원문에 여의타기餘依他起 등이라고 한 것은 『유식론』 주에 말하기를 묻겠다. 의타기성이 어찌 염법과 정법으로 의지하지 않겠는가. 답하겠다. 나머지 의타기성은 비록 또한 의지하지만 운운하였으니, 나머지 의타기성이란 육식 六識, 칠식七識 가운데 의타기이지만 다른 곳에는 바로 제칠식第七識으로 염의染依와 정의淨依를 삼는다 하였다. 『잡화기雜華記』엔 여의타餘依他라고 한 것은 나머지 칠식七識이 다른 제육식第六識을 의지하여 생기生起하는 까닭으로 비록 염법과 정법의 의지하는 바를 삼지만 아직 능히 종자를 가지지 아니한 까닭으로 설하지 않는다 하였다.

297 원문에 여수역작미오餘雖亦作迷悟 등이라고 한 것은 『유식론』 주에 말하기를 묻겠다. 나머지 의타기성이 어찌 미오迷悟의 법을 의지하지 않겠는가. 답하겠다. 나머지 의타기성은 비록 또한 미오迷悟의 법을 운운하였으니, 나머지란 곧 제팔식第八識의 의타이니, 제팔식이 이미 유루와 무루의 종자를 가진 까닭으로 또한 미오의 법을 의지하는 것이다. 『유망기』는 나머지 육식, 칠식, 팔식 등이 또한 미오의 법을 지어 의지하나니 미迷는 가히 알 수 있을 것이다. 그러나 시각의 깨달음(悟)도 또한 제육식이 있나니 칠식과 팔식은 가히 알 수 있을 것이다 하였다.

三은 所轉捨니 此復有二하니라 一은 所斷捨니 謂二障種가 眞無間道가 現在前時에 障治相違하나니 彼便斷滅하야 永不成就일새 說之爲捨요 彼種斷故로 不復現行하야 妄執我法하나니 所執我法은 不對妄情일새 亦說爲捨니라 由此로 名捨遍計所執이라하니라 釋曰實我實法은 自性本無나 但對妄情하야 妄似於有하나니 今妄情斷하야 無境對心일새 假說此境하야 亦名爲斷이니라 由此道理하야 名捨所執이니 諸有處에 言斷遍計者가 義在於此니라 二는 所棄捨니 謂餘有漏와 劣無漏種이 金剛喩定이 現在前時에 引極圓明純淨本識하야 非彼依故로 皆永棄捨니 捨彼種已에 現有漏法과 及劣無漏가 畢竟不生하니라 旣永不生일새 亦說爲捨니 由此로 名捨生死劣法이라하니라 釋曰餘有漏者는 卽二障의 餘有漏善法이요 劣無漏種者는 卽十地中에 所生現行이라 圓은 謂圓滿이요 明은 謂行相分明이니 異於菩薩의 未圓明故니라 此淨八識은 非餘有漏와 劣無漏依일새 故皆棄捨라하니 此則總釋이라 下有二師義하니 一은 云此之有漏와 及劣無漏와 與二障種을 一時而捨니 由二障種하야 有此二故라하며 第二師云호대 無間道中에 斷二障種하고 解脫道中에 方捨此二하니 由無間道는 尙是菩薩이라 猶有生死하며 有所熏識하야 未卽是佛일새 是故皆用解脫道捨라하니라 四는 所轉得이니 此復有二하니라 一은 所顯得이니 謂大涅槃이라 雖此가 本來自性淸淨이나 而由客塵覆하야 令不顯케러니 眞聖道生에 斷彼障故로 令其相顯케할새 得名涅槃이라 二는 所生得이니 謂大菩提라 然論釋涅槃이 有其四種하니 一은 自性淸淨이요 二는 有餘依요 三은 無餘依요 四는 無住處라 論釋菩提도 亦有四種하니 卽是四智라 至出現品하야 當廣會釋하리라 上所引論의 文已略具하

니 今當會疏호리라 然本論에 釋此文이 有四段하니 一은 反問辯非니 論云호대 可如世間智依世間耶아 不也니라 二는 順問彰是니 論云호대 云何依고 偈言호대 出過於三世라하니라 三은 釋是異非니 論云호대 轉依止니 依止常身故니라 非如無常意識智가 依止無常因緣法이라하니라 四는 引經證成이니 論云호대 如修多羅中에 決定說이라하니라 上具引論하야 科釋已竟하니라 疏文之中에도 亦有四節이나 而有開合하니 合初二하야 爲一하고 開三하야 爲二三하니라 今初는 合論前二段하야 取意略釋이니 故云謂轉無常依를 云出過三世라하니라

세 번째는 소전사所轉捨니
여기에 다시 두 가지가 있다.
첫 번째는 소단사所斷捨[298]니
말하자면 이장二障의 종자가 진무간도가 앞에 나타나 있을 때에 장애하는 것과 대치하는 것이 서로 어기나니 저 이장의 종자가 곧 단멸하여 영원히 성취할 수 없기에 그것을 설하여 버린(捨)다 하는 것이요
저 이장의 종자가 단멸한 까닭으로[299] 다시 현행하지 아니하여 희미하게 아와 법에 집착하나니 집착한 바 아와 법은 허망한 마음을 상대하

---

298 소단사所斷捨라고 한 것은 『유식론』 주에 말하기를 진지眞智가 번뇌를 제멸하기에 斷이라 이름하고, 영원히 성취할 수 없기에 捨라 이름한다 하였다.
299 원문에 피종단고彼種斷故 운운은 『유식론』 주에 말하기를 이장의 종자가 단멸하여 아소我所의 현행을 일으키지 않고 현행이 없는 까닭으로 허망한 마음을 상대하지 않나니, 이것을 인유하여 곧 변계소집을 버린다 하였다.

지 않기에 또한 설하여 버린(捨)다 하는 것이다.
이것을 인유하여 이름을 변계소집을 버린다 하였다.
해석하여 말하면 진실한 아와 진실한 법은 자성이 본래 없지만 다만 허망한 마음을 상대하여 허망하게 있는 것 같나니, 지금에는 허망한 마음이 단멸하여 경계가 마음을 상대할 수 없기에 거짓으로 이 경계를 설하여 또한 이름을 끊는다고 하는 것이다.
이 도리를 인유하여 변계소집을 버린다고 이름하는 것이니,
삼유三有의 처소에 변계소집을 끊는다고 말하는 것이 뜻이 여기에 있는 것이다.
두 번째는 소기사所棄捨[300]니
말하자면 나머지 유루와[301] 하열한 무루종자가 금강유정이 앞에 나타나 있을 때에 지극히 원명하고 순정한 제팔 근본식을 이끌어 생기하여 저[302] 나머지 유루와 하열한 무루의 종자를 의지하지 않는 까닭으로 다 영원히 버리는 것이니
저 종자를 버린 이후에는 현행의 유루법과 그리고 하열한 무루법이 필경에 생기하지 않는 것이다.

---

[300] 소기사所棄捨라고 한 것은 『유식론』 주에 말하기를 수승한 법이 원명圓明하면 하열한 법이 스스로 멀어지고, 의지할 바가 순정純淨하면 더러운 것이 능히 의지하지 못하기에 소기사라 이름한다 하였다.

[301] 원문에 여유루餘有漏 등이라고 한 것은 『유식론』 주에 말하기를 나머지 유루와 하열한 무루종자라고 한 것은 곧 변역생사이니, 이 두 가지를 버린 이후에는 저 현행이 필경에 생기하지 않기에 또한 버린다고 말하고, 이미 종자를 버렸기에 또한 현행도 버린다고 말하였다.

[302] 원문에 피의彼依라 한 彼는 나머지 유루와 하열한 무루종자이다.

이미 영원히 생기하지 않기에 또한 버린다고 말하는 것이니
이것을 인유하여 이름을 생사의 하열한 법을 버린다 하였다.
해석하여 말하면 나머지 유루라고 한 것은 곧 이장의 나머지 유루선법이요
하열한 무루종자라고 한 것은 곧 십지 가운데 생기한 바 현행現行[303]이다.
원圓이라고 한 것은 말하자면 원만이요
명明이라고 한 것은 말하자면 행상이 분명한 것이니
보살이 원명하지 못한 것과는 다른 까닭이다.
이 청정한 제팔식은 나머지 유루와 하열한 무루를 의지하지 않기에 그런 까닭으로 다 버린다 하였으니,
이것은 곧 한꺼번에 해석한[304] 것이다.
이 아래 두 스님의 뜻이 있나니
첫 번째 스님은 말하기를 이 유루와 그리고 하열한 무루와 더불어 이장二障의 종자를 일시에 버리나니 이장의 종자를 인유하여 이 두 가지가 있는 까닭이다 하며

---

303 원문에 즉십지중소생현행卽十地中所生現行이라고 한 것은 십지十地 가운데 친히 번뇌의 현행을 생기하는 것이다. 십지가 비록 무루이지만 그러나 또한 미세한 번뇌가 친히 생기함이 있는 까닭으로 하열한 무루라 말한다 하였다. 그러나 『잡화기雜華記』에는 현행現行을 이장二障의 현행現行이라 하였으나, 『유망기』에는 번뇌장의 현행現行이라 하니, 학자는 생각해 볼 것이다.

304 원문에 총석總釋이라고 한 것은 무간도와 해탈도가 다름을 가리지 않고 한꺼번에 해석한 까닭으로 총석總釋이라 하는 것이다.

제 두 번째 스님은 말하기를 무간도 가운데 이장의 종자를 끊고 해탈도 가운데서 바야흐로 이 두 가지를 버리나니 무간도를 인유하는 것은 오히려 이 보살이다. 오히려 생사가 있으며 훈습한 바 식識이 있어서 아직 이 부처에 즉하지 못하였기에 이런 까닭으로 다 해탈도로써 버린다 하였다.

네 번째는 소전득所轉得[305]이니
여기에 다시 두 가지가 있다.
첫 번째는 소현득所顯得이니
말하자면 대열반이다.
비록 이 열반이 본래 자성이 청정하지만 객진번뇌가 덮어 하여금 나타나지 못하게 하더니, 진성도가 생기함에 저 장애를 끊음을 인유한 까닭으로 그 모습으로 하여금 나타나게 하기에 열반이라고 이름함을 얻는 것이다.
두 번째는 소생득所生得이니
말하자면 대보리이다.
그러나 논에 열반을 해석한 것이 그 네 가지가 있나니[306]

---

305 소전득所轉得이라고 한 것은 『유식론』 주에 말하기를 소전所轉이란 곧 앞에서 끊은 바 이장二障이니, 이장二障이 다함에 열반의 과보를 얻는 것을 소전득所轉得이라 이름한다 하였다.

306 원문에 논석열반유기사종論釋涅槃有其四種 등이라고 한 것은 『유식론』 문에 말하기를 열반은 이 원적圓寂의 진리이니 일체법 가운데 동일한 실상이다. 그러나 범부와 성인의 지위가 차별함을 인유한 까닭으로 네 가지로 나누는

첫 번째는 자성청정열반이요

두 번째는 유여의열반이요

세 번째는 무여의열반이요

네 번째는 무주처열반이다.

논에 보리를 해석한 것도 또한 네 가지가 있나니 곧 사지보리이다.

출현품에 이르러 마땅히 폭넓게 회석하겠다.

위에 인용한 바 논의 문장이 이미 간략하게 구족되었으니 지금에는 마땅히 소문을 회석하겠다.

그러나 십지 본론에 이 문장을 해석한 것이 사단이 있나니

첫 번째는 반문하여 그름을 분별한 것이니

『십지론』에 말하기를 가히 세간의 지혜가 세간을 의지하는 것과 같은가.³⁰⁷

아니다.

두 번째는 순리대로 물어 오름을 밝힌 것이니

것이니, 첫 번째는 자성청정열반自性清淨涅槃이니 운운한 것으로 바로 2행 전에 이 열반이 본래 자성이 청정하다 한 것이다. 두 번째 유여의열반有餘依涅槃은 말하자면 진여가 번뇌장을 벗어난 것이니, 비록 작은 고통이 의지하는 바가 아직 제멸되지 아니함이 있지만 그러나 번뇌장이 영원히 적멸한 까닭으로 열반이라 이름하는 것이요, 세 번째 무여의열반無餘依涅槃은 곧 진여가 생사의 고통을 벗어난 것이니 번뇌가 이미 다함에 나머지 의지하는 것도 또한 제멸되어 수많은 고통이 영원히 적멸하기에 그런 까닭으로 열반이라 이름하는 것이요, 네 번째 무주처열반無住處涅槃은 말하자면 진여가 소지장을 벗어난 것이니 생사와 열반에 머물지 않는다 운운하였다.

307 원문에 如 자는 본론本論엔 同 자이다.

『십지론』에 말하기를 어떻게 의지하는가.
게송에 말하기를 삼세에서 벗어난다 하였다.
세 번째는 옳은 것이 그른 것과 다름을 해석한 것이니
『십지론』에 말하기를 전전히 의지하는 것이니 영원한 법신[308]을 의지하는 까닭이다.
무상한 의식의 지혜가 무상한 인연의 법을 의지하는 것과는 같지 않는 것이다 하였다.
네 번째는 경을 이끌어 증거하여 성립한 것이니
『십지론』에 말하기를 수다라 가운데 결정코 설한 것과 같다 하였다.
이상에 『십지론』을 갖추어 인용하여 과목하여 해석한 것은 이미 마쳤다.
소문 가운데도 또한 사절四節이 있으되 열고 합함이 있나니
처음에 이단을 합하여 일단을 삼고 제 삼단을 열어 제 이단과 제 삼단을 삼았다.
지금은 처음으로 『십지론』의 앞에 이단을 합하여 뜻을 취하여 간략하게 해석한 것이니
그런 까닭으로 말하기를 말하자면 무상을 전하여 의지하는 것을 삼세에서 벗어났다고 말한다 하였다.

論云非如下는 三에 卽論異非니 非卽因中이라 上二는 開論釋是異非하야 爲二하니라 持種等者는 卽唯識所轉依中에 持種依也니 以此能

---

308 원문에 상신常身은 법신法身이다.

持로 而爲因者는 親是所熏이 成名言種이니라 二에 所持染淨種子等
은 是無常緣者는 染淨이 卽有善惡業種等故니라 言依此因緣하야 起
無常意識者는 依種起現行也니 此卽第八種現은 俱爲所依요 前七
轉識等은 皆爲能依어니와 唯識은 約能持種일새 但取第八하야 爲所
依하고 種子等으로 並爲能依耳니라 今轉無常識下는 釋今爲所轉依
니 卽唯識論云호대 聖道에 轉令捨染得淨이라하니 謂在因中에 雙持
染淨하고 今得聖道에 捨染得淨일새 卽名轉依니 故此轉者는 亦是捨
義니라 疏中에 先은 釋能依智하고 後는 釋所依하니라 今初니 然四智
之義는 已見第一經初어니와 而此唯二者는 成唯識云호대 平等性智
相應心品은 菩薩이 見道初現前位에 違二執故로 方得初起요 妙觀
察智相應心品은 法空觀品은 菩薩見位에 方得初起니 已得法空無
漏智故니라 大圓鏡智相應心品은 有義는 金剛喩定인 無間道得이라
하고 有義는 至解脫道하야 乃得初起라하니 異熟識種을 金剛喩定이
現在前時에 猶未頓捨니 與無間道로 不相違故며 非障有漏와 劣無
漏法하고 但與佛果로 定相違故며 金剛喩定에 無所熏識인댄 無漏不
增하야 應成佛故라하니라 釋曰此意는 正明捨異熟識하야사 方始轉
名大圓鏡智故니라 成所作智相應心品은 有義는 菩薩의 修道位中에
後得引故로 亦得初起라하니 釋曰謂第六意識의 後得引故로 於淨
土中에 起五識故니라 論云호대 有義는 成佛하야사 方得初起니 以十
地中에 依異熟識하야 所變眼等이 非無漏故로 有漏의 不共과 必俱와
同境의 根이 發無漏識이 理不相應故니라 此二가 於境에 明昧有異하
니 由斯此品은 要得成佛하야 依無漏根하야사 方容現起어니와 而數
間斷하야 作意起故라하니라 釋曰言不共者는 卽不共依니 眼根은 唯

爲眼識依故니라 言必俱者는 是俱有依니 根識同時故니라 言同境者는 卽同境依니 根識이 共同으로 緣一境故니라 此三名異나 俱是五根이며 皆三依中에 俱有依攝이니 所依眼等이 旣是有漏일새 故不能發無漏識智니라 言此二於境에 有明昧者는 二는 卽是漏와 及與無漏니 無漏卽明이요 有漏識은 卽昧니 十地에 五識이 旣是有漏일새 故至佛果라야 方成所作이니라 俱有依義는 廣如問明品引이어니와 今疏意는 取成佛時得일새 故此不言하니라

『십지론』에 말하기를 같지 않다고 한 아래는 세 번째 곧 『십지론』에 그르다고 한 것과는 다르나니
그르다고 한 것은 곧 인중因中[309]을 말하는 것이다.
위에 두 가지[310]는 『십지론』에 옳은 것이 그른 것과 다르다고 해석한 것을 열어 두 가지를 삼은 것이다.
종자를 가진다고 한 등은 곧 『유식론』의 소전의所轉依 가운데 첫 번째 지종의持種依니
이 본식이 능히 종자를 가짐으로써 무상한 원인을 삼는 것은 친히 훈습한 바가 명언종자[311]를 이루는 것이다.

---

309 원문에 비즉인중非卽因中이라고 한 것은 원인 가운데 무상한 원인을 전하여 의지하는 까닭으로 지금에 그 과보를 상대하여 그르다고 말하는 것이다.
310 원문에 상이上二란, 영인본 화엄 9책, p.359, 4행에 사단四段 가운데 一에 반문변비反問辨非와 二에 순문창시順問彰是이니 이 둘은 第三에 석시이비釋是異非를 나누어 두 가지로 한 것이다.
311 명언종名言種이란, 제팔식第八識은 제칠식第七識의 친종자親種子를 포함하고

두 번째 가지는 바 염정의 종자 등은 이것은 무상한 조연이라고 한 것은 염정이 곧 선악업의 종자[312] 등이 있는 까닭이다.

이 인연을 의지하여 무상한 의식을 일으킨다고 말한 것은 종자를 의지하여 현행을 일으키는 것이니[313] 이것은 곧 제팔식의 종자와 현행은 함께 소의가 되고[314]

앞의 칠전식 등은 다 능의가 되거니와 유식은 능히 종자를 가짐을 잡아 말하기에 다만 제팔식만을 취하여 소의를 삼고 종자 등으로 아울러 능의를 삼았을 뿐이다.

지금에는 무상한 식을 전한다고 한 아래는 지금에 소전의를 삼는 것을 해석한 것이니

곧 『유식론』에 말하기를 성도에 전전히 하여금 염법을 버리고 정법을 얻게 한다 하였으니

있는 까닭으로 무상한 원인을 삼는다는 것이다.

312 원문에 선악업종善惡業種이란, 곧 생사生死가 있는 까닭으로 무상한 조연을 삼는다는 것이다.

313 원문에 의종기현행依種起現行이라고 한 것은 위에 원인과 조연이 제팔식第八識 가운데 있어 칠식七識의 종자가 되지만 지금에 칠식七識이 현재 일어나는 때가 현행이 되는 것이다. 보통은 말하기를 전칠식의 종자가 횡으로 제팔식 가운데 있는 까닭으로 제팔식을 의지한다고 말한 것이다.

314 원문에 제팔종현구위소의第八種現俱爲所依라고 한 것은 제팔식은 현인現因이 되고 종자와 현행에 종자는 선악종자의 조연이 되고 현행은 칠식이 생기할 때에 위에 인연의 종자가 현행하여 칠식의 의지하는 바(所依)가 되는 것이다. 『유식론』인즉 제팔식이 능히 칠식의 종자를 의지하는 까닭으로 의지하는 바를 삼고, 의지하는 바 칠식의 종자로 능히 의지함을 삼는 것이다.

말하자면 인중因中에 있음에 염정을 함께 가지고 지금에 성도聖道를 얻음에 염법을 버리고 정법을 얻기에 곧 전의轉依라고 이름하는 것이니 그런 까닭으로 여기에 전轉이라고 한 것은 또한 이 사捨의 뜻[315]이다.

소문 가운데 먼저는 능의能依[316]의 지혜를 해석하고 뒤에는 소의所依[317]를 해석한 것이다.

지금은 처음으로 그러나 사지四智의 뜻은 이미 제일경 초에 나타내었거니와 여기에 오직 두 가지[318]는 『성유식론』에 말하기를 평등성지가 상응[319]하는 심품은 보살이 견도 초 현전위에서 두 가지 집착을 어기는[320] 까닭으로 바야흐로 처음 생기함을 얻는 것이요

---

315 원문에 역시사의亦是捨義라고 한 것은 위에 전이轉離의 뜻과 같은 까닭으로 역시라 말한 것이다.

316 원문에 선능의先能依란, 疏文에 無常意識智는 是彼能依라하니, 즉 소문에 무상한 의식의 지혜는 이것은 저 능의라 한 것이다.

317 원문에 후소의後所依란, 疏文에 無常因緣은 即是所依라하니, 즉 소문에 무상한 인연은 곧 이것은 소의라 한 것이다.

318 두 가지란, 능의能依와 소의所依이다.

319 원문에 평등성지상응平等性智相應이라고 한 것은 평등성지가 識으로 더불어 상응하는 것이 평등성지의 상응이다. 평등이란 여기서는 항상 我에 집착하는 까닭으로 불평등不平等이라 이름하고, 항상 我가 없는 까닭으로 평등平等이라 이름하는 것이다.

320 원문에 보살菩薩이 견도초현전위見道初現前位에 위이집違二執이라고 한 것은 제육식이 저 견도에 분별의 종자를 끊고 이공二空의 지혜를 얻는 것이 이름이 하품전下品轉이니, 제칠식第七識은 항상 안으로 我에 집착하기에 분별혹分別惑이 없고 오직 이 구생혹俱生惑만 있을 뿐이다. 제육식이 처음 전의轉依할

묘관찰지가 상응하는 심품은 법공관품法空觀品[321]은 보살의 견도위에서 바야흐로 처음 생기함을 얻나니 이미 법공의 무루지혜를 얻은 까닭이다.

대원경지가 상응하는 심품은 어떤 사람의 뜻은 금강유정인 무간도[322]에서 얻는다 하고

어떤 사람의 뜻은 해탈도에 이르러 이에 처음 생기함을 얻는다 하였으니

이숙식의 종자를 금강유정이 앞에 나타나 있을 때에 오히려 문득 버리지 못하나니 무간도로 더불어 서로 어기지 않는 까닭이며

유루법과 하열한 무루법을 장애하지 않고 다만 불과로 더불어 결정코 서로 어기는 까닭이며

금강유정에서[323] 훈습할 바 식[324]이 없다고 한다면 무루법이 증장할

때에 제칠식을 상대相帶하여 일으킴을 인유하여 일분一分의 지혜를 전轉하나니, 저 제육식의 의지하는 바 근본인 까닭이다.

[321] 원문에 법공관품法空觀品이라고 한 것은 저 지혜가 아공과 법공의 두 가지 관품觀品이 있으나 여기서는 곧 법공관만 설한 것은 이승二乘보다 수승함을 현시한 것이다. 그런 까닭으로 『유식론』주에 말하기를 소지장은 오직 보살만이 끊는 까닭으로 견도위에서 또한 법집분별法執分別의 일분一分을 끊고 일분一分의 지혜를 전轉한다 하였다. 『유망기』에는 법공관품法空觀品이라고 한 것은 또한 생공관품生空觀品도 있으나 일분一分의 소지장 무명만 끊는 것으로써 주체를 삼는 까닭으로 다만 법공관품法空觀品이라고만 말한 것이다.

[322] 원문에 금강무간도金剛無間道라고 한 것은 제십지第十地의 만심滿心이다.

[323] 금강유정金剛喩定 운운은 첫 번째 어떤 사람이 금강유정인 무간도에서 얻는다고 한 것을 깨뜨리는 것이니, 말하자면 금강유정에서 만약 이미 식의 종자를

수 없어 응당 불과를 이루는 까닭이다 하였다.

해석하여 말하면 이 뜻은 이숙식을 버려야 바야흐로 비로소 전전히 대원경지라 이름하는 것을 바로 밝힌 까닭이다.

성소작지가 상응하는 심품은 어떤 사람의 뜻은[325] 보살의 수도위 가운데 후득지를 이끌어 생기하는 까닭으로 또한 처음 생기함을 얻는다 하였다.

해석하여 말하면 말하자면 제육의식第六意識의 후득지를 이끌어 생기하는 까닭으로 정토[326] 가운데 무루의 오식을 생기하는 까닭이다.

『유식론』에[327] 말하기를 어떤 사람의 뜻은 성불하여야[328] 바야흐로

끊었다면 무루의 정법淨法이 응당 증장할 수 없을 것이요, 이미 무루의 정법이 증장할 수 없다면 곧 응당 성불할 것이니 어찌 무간도에서 성불하겠는가.

324 원문에 소훈식所熏識이란, 제팔식第八識이다.

325 원문에 유의有義 운운은 제육식第六識의 후득지後得智를 이끌어 생기하는 까닭으로 무루의 전오식前五識을 처음 생기하는 것이다.

326 정토淨土라고 한 것은 십지十地보살이 거처하는 타수용토他受用土이다. 여기에 제육의식과 오식五識이라고 말한 것은 다 정식淨識을 취하여 말한 것이다.

327 원문 論 자 아래 云 자가 있어야 한다.

328 원문에 유의성불有義成佛 운운은 십지十地 가운데 이숙식 유루의 변한 바 눈 등의 근根이 또한 이 유루이다. 눈 등의 식으로 더불어 불공不共의 의지하는 바와 구유俱有의 의지하는 바와 동경同境의 의지하는 바가 되나니, 유루의 오근五根이 무루의 식을 발생하는 것이 이치가 상응하지 않는 것이다. 무슨 까닭인가. 유루는 저 경계에 어둡고 무루는 저 경계에 밝은 까닭이다. 성불할 때에는 이숙식이 안근으로 더불어 함께하며 무루근을 전성轉成하여야 성소

처음 생기함을 얻나니 십지 가운데 이숙식을 의지하여 변한 바 눈 등이 무루가 아닌 까닭으로³²⁹ 유루의 불공不共과³³⁰ 필구必俱와 동경同境의 근根이 무루식(識)을 발생하는 것이 이치가 상응하지 않는 까닭이다.

이 두 가지가 저 경계에³³¹ 밝음과 어둠이 다름이 있나니 이것을 인유하여 이 품류는 반드시 성불함을 얻어 무루근(根)을 의지하여야 바야흐로 현재 생기함을 용납하거니와 그러나 자주 간단하여 작의作意를 생기하는 까닭이다 하였다.

해석하여 말하면 불공不共이라고 말한 것은 곧 불공의不共依니 안근³³²은 오직 안식만을 의지하는 까닭이다.

필구必俱라고 말한 것은 이것은 구유의俱有依니 안근과 안식이 동시인 까닭이다.

동경同境이라고 말한 것은 곧 동경의同境依니 근과 식이 공동으로 한 경계를 반연하는 까닭이다.

작지가 바야흐로 현재 생기함을 용납하거니와 앞에 삼지三智의 장시長時에 상속하는 것과는 같지 않나니, 이것은 자주 간단하여 작의作意를 바야흐로 생기한다 하였다. 이상은 『유식론』 註이다.

329 원문에 이십지以十地로 비무루고非無漏故까지는 성불하여야 바야흐로 생기하는 소이所以를 밝힌 것이다.

330 원문에 유루불공有漏不共 운운은 눈(眼) 등이 무루가 아닌 소이所以를 밝힌 것이다.

331 원문에 차이어경此二於境 운운은 이치가 상응하지 않는 소이所以를 밝힌 것이다. 차이此二란 유루와 무루이다.

332 안근이란, 의근依根이니 불공의不共依"니" 안근眼根"은" 토吐이다.

이 세 가지가 이름이 다르지만 함께 이 오근五根이며
다 삼의[333] 가운데 구유의에 섭속하는 것이니
의지하는 바 눈 등이 이미 이 유루이기에 그런 까닭으로 능히 무루식지를 발생하지 않는 것이다.
이 두 가지가 저 경계에 밝음과 어둠이 있다고 말한 것은 두 가지는 곧 이 유루와 그리고 무루이니
무루는 곧 밝음이요 유루식은 곧 어둠이니
십지에 오식五識이 이미 이 유루이기에 그런 까닭으로 불과에 이르러야 바야흐로 소작所作[334]을 이루는 것이다.
구유의라고 한 것은 널리 설한 것은 보살문명품에 인용한[335] 것과 같거니와, 지금 소문의 뜻은 성불할 때에 얻는 것을 취하기에 그런 까닭으로 여기서는 말하지 않는다.

依彼本識에 如來藏性의 眞如法身者는 二에 釋所依라 言眞如者는 卽前唯識에 爲迷悟依라하니 聖道에 轉令捨染得淨케하니라 然其眞如는 卽唯識性이니 故彼論云호대 此는 諸法勝義며 亦卽是眞如니

---

333 원문에 개삼의皆三依라고 한 것은 불공의不共依와 구유의俱有依와 동경의同境依이다. 보살문명품에 인연의因緣依와 등무간의等無間依와 증상의增上依가 있나니 증상의增上依가 곧 여기에 구유의이다.『잡화기』에는 皆란 오근五根을 모두 거론한 것이고, 삼의三依란 근본根本과 염정染淨과 구유俱有 등 三이 있다. 그러나 오근五根은 구유의에 속한다 하였다. 추자권秋字卷 61장 이하를 참고하여 볼 것이다.

334 원문에 소의所依라 한 依 자는 作 자이다.

335 원문에 문명품인問明品引이라고 한 것은 추자권秋字卷 61장 이하이다.

常如其性故로 卽唯識實性이라하얏거니와 今卽於本識之中에 依眞
如性이니라 又法性宗엔 識相識性이 互交徹故니라 然於一識에 有二
種門하니 一은 眞如門이요 二는 生滅門이라 於眞如門中에 法身은
卽是眞如門攝이니 故經云호대 眞如平等하야 無相身이라하니라 若生
滅門中에 法身인댄 卽名如來藏性이니 如來藏性은 卽是本覺이라 故
起信論云호대 所言覺義者는 謂心體離念이니 離念相者는 等虛空界
하야 無所不遍이나 法界一相이라 卽是如來의 平等法身이니 依此法
身하야 說名本覺이라하니라 然眞妄和合이 名阿賴耶니 凡夫는 但從
妄識으로 熏種하고 聖은 智로 去妄하나니 雖則本識이 未捨異熟이나
而其二智는 唯依眞如法身의 常理니라 故論云호대 轉依止니 依止常
身故라하니라 是了義故下는 疏釋이라 於中亦二니 此句出意니 由是
了義일새 故經定說이라하니라 涅槃經下는 二에 引經文이라 於中又二
니 先은 正引이니 卽南經第三十五憍陳如品云호대 爾時世尊이 告憍
陳如하사대 色是無常이니 因滅是色하야 獲得解脫의 常住之色하며
受想行識도 亦是無常이니 因滅是識하야 獲得解脫의 常住之識이라
하며 彼經次說苦空不淨도 亦復如是하나니 故說如來五蘊이 常樂我
淨이라하니라 言其文非一者는 卽涅槃經第二에 開宗顯德하야 卽說
常住니 如玄談中에 已廣分別하고 此經上下에도 其文非一하니라 若
依唯識下는 二에 解釋이라 於中又二니 先은 依法相宗이라 言非自性
常者는 自性은 則凝然常이니 此約法身이요 報身은 名相續常이니 卽
上能依도 亦說名常이라하니라 三者는 化身이니 名不斷常이니 應用不
斷故니라 若起信下는 二에 依法性宗하야 先引論이니 謂本覺은 是法
身이요 始覺은 是報身이라 旣云始覺이 同本覺하야 無復始本之異가

名究竟覺인댄 則二常無別하니라 生公亦云호대 眞理自然일새 悟亦
冥符하니라 眞旣無差어니 悟豈容易리요 不易之體가 爲湛然常照等
이라하니 並如前說하니라 勝鬘經者는 若別說三身인댄 如來妙色身은
世間無與等하며 無比不思議일새 是故今敬禮라하니 則說化身이요
如來色無盡하며 智慧亦復然이라하니 卽歎報身이요 一切法常住라
하니 卽歎法身이요 是故我歸依라하니 總歸三身이라 旣云一切法常
住인댄 則上二身이 豈非常住리요 亦同法華에 世間相常住라하니 世
間도 尙猶常住어니 三身이 豈得無常이리요

저 본식에 여래장 자성의 진여법신을 의지한다고 한 것은 두 번째 소의所依를 해석한 것이다.

진여라고 말한 것은 곧 앞[336]의 『유식론』에 미오의迷悟依가 된다 한 것이니,

성도에 전전히 하여금 염법을 버리고 정법을 얻게 하는 것이다. 그러나 그 진여는[337] 곧 유식의 자성이니 그런 까닭으로 저 『유식론』에 말하기를 이 유식의 자성은 모든 법의 수승한 뜻이며 또한 곧 진여이니 항상 그 자성과 같은 까닭으로 곧 유식의 진실한 자성이다 하였거니와, 지금에는 곧 본식 가운데[338] 진여의 자성을 의지하는

---

[336] 앞이란, 영인본 화엄 9책, p.356, 7행이다.
[337] 원문에 연기진여然其眞如라고 한 아래는 진여라는 글자를 현시한 것이고, 此八行에 연어일식然於一識이라고 한 아래는 법신 여래장의 뜻을 현시한 것이고, 下四行에 연진망然眞妄이라고 한 아래는 본식本識 가운데 진변眞邊인 진여의 자성을 현시한 것이다.

것이다.

또 법성종에는[339] 유식의 모습과 유식의 자성이 서로 서로 사무치는 까닭이다.

그러나 한 가지 식에[340] 두 가지 문이 있나니

---

338 원문에 금즉어본식지중今卽於本識之中이라고 한 아래는 법상종은 진여가 이 유식의 자성인 까닭으로 본식을 들어 진여의 자성을 취하여 의지하는 바를 삼은 것이다. 그런 까닭으로 소문에 본식에 여래장 자성의 진여법신을 의지하는 것으로써 의지하는 바를 삼는 것이라 하였다. 법성종은 곧 유식의 모습과 유식의 자성이 서로 사무치는 까닭으로 본식의 진여를 거론한 것이다. 『잡화기雜華記』엔 저 유식종에서 진여를 지종의持種依와 미오의迷悟依를 나눈 것은 진여가 본식 밖에 있는 까닭이요, 지금에는 본식 밖에 진여가 있지 않는 까닭으로 소문에 말하기를 본식에 여래장 자성의 진여법신을 의지하는 것으로써 의지하는 바를 삼는다 하였다. 그러한즉 저 유식종이 비록 진여로써 유식의 자성을 삼지만 진여가 본식 가운데 있다고는 말하지 아니한 까닭이다.

339 원문에 우법성종又法性宗 운운은 위의 유식(法相宗)에서 이미 본식의 여래장 자성진여라 하였으니 본식과 진여가 하나가 아니고, 지금에는 다시 말하기를 유식의 자성과 모습이 서로 사무친다 하였으니 본식과 진여가 다르지 않다는 것이다.

340 원문에 연어일식然於一識이라고 한 아래는 유식의 자성과 모습이 서로 사무치는 까닭을 밝힌 것이니 유식상唯識相의 생멸生滅과 유식성唯識性의 진여眞如가 다 같이 일심一心 가운데 있는 까닭이다. 그런 까닭으로 지금에는 생멸문生滅門 가운데 본각의 법신法身을 취한 것이다. 『잡화기』에는 소문 가운데 이미 여래장 자성의 진여법신이라 한 까닭으로 여기에서 여래장 자성의 진여법신을 회통하는 것이니, 여래장은 생멸문을 의지하여 말하고 진여는 진여문을 의지하여 말하고 법신은 이문二門을 모두 의지하여 말한 것이다 하였다.

첫 번째는 진여문이요

두 번째는 생멸문이다.

진여문 가운데 법신은 곧 이 진여문에 섭속하나니

그런 까닭으로 경에 말하기를 진여는 평등하여 모습이 없는 몸이다 하였다.

만약 생멸문 가운데 법신이라면 곧 이름이 여래장 자성이니 여래장 자성은 곧 이 본각이다.

그런 까닭으로 『기신론』에 말하기를 말한 바 각覺의 뜻이라고 한 것은 말하자면 마음의 자체가 생각을 떠난 것이니

생각을 떠난 모습은 허공계와 같아서 두루하지 않는 바가 없지만 법계는 한 모습이다.

곧 이것은 여래의 평등한 법신이니

이 법신을 의지하여 이름을 본각이라 말한다 하였다.

그러나 진과 망이[341] 화합한 것이 이름이 아뢰야식이니

범부는 다만 망식妄識으로 좇아 종자를 훈습하고 성인은 지혜로 망식을 제거하나니

비록 곧 본식이 아직 이숙식을 버리지 않았지만[342] 그러나 그 두

---

341 원문에 연진망연然眞妄이라고 한 아래는 그 본식이 오직 진변眞邊을 의지한 뜻만을 밝힌 것이다. 이미 진眞과 망妄이 화합한 까닭으로 소문에 말하기를 본식에 여래장 자성의 진여법신이라고 하였다면 곧 진과 망을 모두 다 의지한 것 같지만 그러나 범부는 망식의 일변만을 좇아 종자를 훈습하고 성인은 지혜로 좇아 망식을 제거하고 진식을 의지하는 것이다.

342 원문에 수즉본식미사이숙雖則本識未捨異熟이라고 한 것은 이미 본식이 아직

가지 지혜³⁴³는 오직 진여법신의 영원한 진리만을 의지하는 것이다. 그런 까닭으로 『십지론』³⁴⁴에 말하기를 전전히 의지하는 것이니 영원한 법신을 의지하는 까닭이다 하였다.

이것은 요의경인 까닭이라고 한 아래는 소가가 해석한 것이다. 그 가운데 또한 두 가지가 있나니
이 구절은 뜻을 설출한 것이니
이 요의경을 인유하기에 그런 까닭으로 수다라 가운데 결정코 설한다 하였다.
『열반경』이라고 한 아래는 두 번째 『열반경』문을 인용한 것이다. 그 가운데 또 두 가지가 있나니
먼저는 바로 인용한 것이니
곧 남장경 제삼십오 교진여품에 말하기를 그때에 세존이 교진여에게 말씀하시기를 색은 무상한 것이니 이 색이 사라짐을 인하여 해탈의 상주하는 색을 얻으며, 수·상·행·식도 역시 무상한 것이니

이숙식을 버리지 않았다고 하였다면 흡사 이숙식을 의지하는 것 같지만 그러나 지금에는 의지하지 않고 오직 본식 가운데 진여만을 의지하는 까닭으로 雖라 말한 것이다. 본식에 세 가지 뜻이 있나니 첫 번째 아뢰야식은 팔지에서 바야흐로 버리고, 두 번째 이숙식은 등각에서 바야흐로 버리는 것이니 지금에는 십지十地를 통명通明한 까닭으로 아뢰야식은 버렸으나 그러나 아직 이숙식은 버리지 못한 것이다. 세 번째 아타나식은 불지佛地에 이르러야 다 버리는 것이다.

343 원문에 이지二智란, 평등성지平等性智와 묘관찰지妙觀察智이다.
344 『십지론』이란, 영인본 화엄 9책, p.259, 6행에 선출先出하였다.

이 식이 사라짐을 인하여 해탈의 상주하는 식을 얻는다 하였으며 저 경문 다음에 고와 공과 부정을 설한 것도 또한 다시 이와 같나니 그런 까닭으로 말씀하시기를 여래의 오온五蘊이 상·낙·아·정이다 하였다.

그런 문장이 하나가 아니라고 말한 것은 곧 『열반경』 제이권에 종宗을 열어 덕德을 나타내어 곧 상주함을 설한 것이니 『현담』 가운데 이미 폭넓게 분별한 것과 같고, 이 『열반경』[345]의 상하에도 그런 문장이 하나가 아니다.

만약『유식론』에 의지한다면이라고 한 아래는 두 번째 해석한 것이다.
그 가운데 또 두 가지가 있나니
먼저는 법상종을 의지한 것이다.
자성이 영원함을 말한 것이 아니라고 말한 것은 자성은 곧 응연히 영원한 것이니
이것은 법신을 잡은 것이요
보신은 이름이 상속하여 영원한 것이니
곧 위[346]의 소문에서 능의도 또한 영원하다고 이름한다 말한 것이다.
세 번째는 화신이니
이름이 끊어지지 않아 영원한 것이니 응신의 작용이 끊어지지 않는

---

345 원문에 차경此經이란, 『열반경』을 말한다.
346 위란, 영인본 화엄 9책, p.354, 8행이니 上엔 名字가 爲字이다. 즉 상소문上疏文에 능의역설위상능의역설위상能依亦說爲常이라 하여 爲 자로 되어 있다.

까닭이다.

만약 『기신론』 등을 의지한다면이라고 한 아래는 두 번째 법성종을 의지하여 먼저 『기신론』을 인용한 것이니
말하자면 본각은 이 법신이요
시각은 이 보신이다.
이미 말하기를 시각이 본각과 같아서 다시 시각과 본각의 다름이 없는 것이 이름이 구경각이라고 한다면 곧 두 가지 영원한 것으로 다름이 없는 것이다.
생공生公도 또한 말하기를 진리가 자연이기에 깨달음도 또한 그윽이 부합하는 것이다.
진리는 곧 차별이 없거니 깨달음이 어찌 용이하겠는가.
용이하지 않는 자체가 담연하여 영원히 비추는 등이 된다 하였으니 아울러 앞에서 설한 것과 같다.

『승만경』[347]이라고 한 것은 만약 삼신을 따로 설한다고 한다면 여래의 묘한 색신은 세간에 너불어 비능할 수 없으며 비교할 수도 없고 사의할 수도 없기에 이런 까닭으로 지금에 공경 예배한다 하였으니 곧 화신을 말한 것이요
여래의 색신은 다함이 없으며 지혜도 또한 다시 그러하다 하였으니 곧 보신을 찬탄한 것이요

---

347 『승만경』이란, 여래진실의공덕장如來眞實義功德章 제일第一이다.

일체법이 영원히 머문다 하였으니
곧 법신을 찬탄한 것이요
이런 까닭으로 내가 돌아가 의지한다 하였으니
모두 삼신에 돌아가는 것이다.
이미 일체법이 영원히 머문다고 말하였다면 곧 위에 이신二身이 어찌 영원히 머물지 않겠는가.
또 『법화경』에 세간의 모습이 영원히 머문다고 한 것과 같나니 세간도 오히려 영원히 머물거니 삼신이 어찌 무상함을 얻겠는가.

疏

三에 其相如虛空은 卽解脫相이니 不同聲聞의 猶有智障하나니 二障雙亡일새 故如空無礙하니라

세 번째 그 모습이 허공과 같다고 한 것은 곧 해탈의 모습이니 성문이 오히려 지장智障[348]이 있는 것과는 같지 않나니,
이장二障이 함께 없기에 그런 까닭으로 허공이 걸림이 없는[349] 것과 같다.

---

348 지장智障이란, 지혜가 해탈을 장애하는 것을 말한다.
349 원문에 부동不同이라고 한 아래는 초문鈔文에 논유삼중론有三中에 第一이고, 이장쌍망二障雙亡은 第三이고, 여공무애如空無礙는 第二이다.

鈔

不同聲聞下는 釋顯其相이니 亦取論意耳니라 論亦有三하니 一은 反問辯非니 云호대 可同聲聞緣覺智가 有障得解脫耶아 不也니라 二는 順問彰是니 云호대 云何解脫고 偈言호대 其相如虛空이라하니라 三은 釋是異非니 云호대 無一切煩惱障礙故라하니라 釋曰煩惱는 卽法華云호대 離諸苦縛이 名得解脫이라 是人於何에 而得解脫고 但離虛妄이 名爲解脫이라하나 其實은 未得一切解脫이라하니 未脫所知하야 有三餘故니라 今脫二障일새 故不同彼니라

성문이 오히려 지장이 있는 것과는 같지 않다고 한 아래는 그 모습을 해석하여 나타낸 것이니
또한 『십지론』의 뜻을 취한 것이다.
『십지론』에 또한 세 가지가 있나니
첫 번째는 반문하여 그름을 분별한 것이니
『십지론』[350]에 말하기를 가히 성문과 연각의 지혜가 장애가 있어서 해탈을 얻는 것과 같은가.
아니다.
두 번째는 순리대로 물어 옳음을 밝힌 것이니
『십지론』에 말하기를 어떻게 해탈하는가.
게송에 말하기를 그 모습이 허공과 같다 하였다.

---

350 원문에 운가云可라 한 云 자는 『십지론』을 말한다. 아래 二와 三에 云 자도 마찬가지다.

세 번째는 옳은 것이 그른 것과 다름을 해석한 것이니
『십지론』에 말하기를 일체 번뇌[351]의 장애가 없는 까닭이다 하였다.
해석하여 말하면[352] 일체 번뇌라고 한 것은 곧『법화경』[353]에 말하기를
모든 고박을 떠나는 것이 이름이 해탈을 얻는 것이다.
이 사람[354]은 어느 곳에서 해탈을 얻는가.
다만 허망함을 떠나는 것이 이름이 해탈이라 하지만 그 실은 아직
일체에서 해탈함을 얻지 못하였다 하니,
아직 소지장에서 해탈하지 못하여 삼여三餘[355]가 있는 까닭이다.
지금에는 이장二障에서 해탈하였기에 그런 까닭으로 저와는 같지
않는 것이다.

疏

三德之義는 已見上文하니라 然圓滿은 在佛거니와 圓敎는 十住에
卽許開發이라 此中約因일새 卽言分得거니와 所依果海는 等佛無
差니라 轉依亦爾하야 從因門中인댄 是見修轉거니와 就果辨者인
댄 究竟에 廣大轉也니라

---

351 일체 번뇌一切煩惱란, 이장二障을 다 갖추고 있다 하겠다.
352 원문 曰 자 아래 일체一切라는 두 글자(二字)가 있어야 한다.
353 『법화경法華經』이란,『법화경』제이권第二卷 비유품比喩品이니,『유망기』에
  『법화론法華論』이 아닌가 한 것은 잘못이다.
354 이 사람이란, 성문이다.
355 삼여三餘란, 번뇌여煩惱餘, 업여業餘, 과여果餘이니『불교사전佛敎辭典』참고.
  추자권秋字卷 32장에도 잘 현시하였다.

삼덕의 뜻은 이미 상문上文에서 나타내었다.
그러나 삼덕이 원만한 것은 부처님에게 있거니와 원교는 십주에서 곧 개발함을 허락하였다.
이 가운데는 원인을 잡아 말하기에 곧 부분적으로 얻는다(分得)말하거니와 의지하는 바 과해果海는 부처님과 같아 차별이 없는 것이다.
전의轉依도 또한 그러하여 인문因門 가운데 나아간다면 이것은 견도와 수도위에서 전의하는 것이어니와 과문果門에 나아가 분별한다면 구경위에서 광대하게 전의하는 것이다.

鈔

三德之義下는 二에 總結三德이라 於中二니 先은 總結이라 見上文者는 卽問明品이니 然下出現品에 復當廣明하리라 然圓滿在佛下는 約位分別이니 卽天台智者意니라 約圓敎六卽하야 以明이니 一은 理卽三德이니 謂一切衆生이 平等共有니 卽三雜染이라 煩惱卽般若요 結業卽解脫이요 苦報卽法身이니 迷成三雜染이나 體卽三德이라 二는 名字三德이니 謂於圓理에 若因若果를 解了分明이라 三은 觀行三德이니 三德圓修하야 障無不寂하며 理無不照하야 寂照雙流하야 徹見心性이라 又一空一切空은 卽是般若요 一假一切假는 卽是解脫이요 一中一切中은 卽是法身이라 四는 相似三德이니 謂六根淸淨하야 身如瑠璃하며 照法實相하야 業繫不羈니라 五는 分眞三德이니 如初發心住에 得如來一身과 無量身하야 說法智慧와 所作自在하니라 六은

究竟三德이니 卽是如來니 今此는 卽當分眞三德이라 今云圓滿在佛
은 卽究竟三德이요 十住開發은 卽是分眞이요 此中約因일새 卽言分
得은 亦分眞也니 從十住初心으로 直至十地히 皆名分眞故니라 所依
果海는 卽等究竟이라

삼덕의 뜻이라고 한 아래는 두 번째 삼덕을 모두 맺는 것이다.
그 먼저는 두 가지가 있나니
먼저는 모두 맺는 것이다.
상문에서 나타내었다고 한 것은 곧 문명품이니
그러나 아래 출현품에 다시 마땅히 폭넓게 밝히겠다.
그러나 삼덕이 원만한 것은 부처님에게 있다고 한 아래는 지위를
잡아 분별한 것[356]이니 곧 천태지자의 뜻이다.

---

356 원문에 약위분별約位分別이라고 한 것은 여기에 두 가지 뜻이 있나니 첫
번째는 바로 삼덕을 밝히고, 두 번째는 전의를 따라 해석한 것(영인본 화엄
9책, p.369, 5행)이니 육즉六卽 가운데 두 번째 명자삼덕과 여섯 번째 구경삼덕
은 삼덕이라는 뜻이 없고 나머지 사즉四卽에는 다 있다. 또 명자삼덕 가운데
원만한 진리라고 한 것은 법신이요, 원인과 결과라고 한 것은 해탈이요,
분명하게 안다고 한 것은 반야이다. 그러나 『잡화기』의 主는 원인은 반야이
고, 결과는 해탈이고, 분명하게 아는 것은 명자삼덕의 해탈의 결과를 분명하
게 아는 것이라고 하였다. 또 육즉六卽은 지위를 잡는다면 첫 번째 이즉삼덕은
박지범부縛地凡夫요, 두 번째 명자삼덕은 오품제자五品弟子요, 세 번째 관행
삼덕은 십신十信이요, 네 번째 상사삼덕은 삼현三賢이요, 다섯 번째 분진삼덕
은 십지十地요, 여섯 번째 구경삼덕은 불지佛地이니 이것은 별교別敎를 잡은
것이라 하겠다. 오품제자란, 오품제자위(位)이니 천태종의 수행계위로 십신
十信 이전에 닦는 것이다. 一은 수회품隨喜品, 二는 독송품讀誦品, 三은 설법품

원교의 육즉六卽을 잡아 밝힌 것이니

첫 번째는 이즉삼덕理卽三德이니

말하자면 일체중생이 평등하게 함께 있는 것이니 곧 세 가지 잡염이다.

번뇌는 곧 반야요, 결업結業은 곧 해탈이요, 고보苦報는 곧 법신이니 미혹하여 세 가지 잡염을 이루지만 그 자체는 곧 삼덕이다.

두 번째는 명자삼덕名字三德이니

말하자면 원만한³⁵⁷ 진리에 원인과 결과를 분명하게 아는 것이다.

세 번째는 관행삼덕觀行三德이니

삼덕을 원만하게 닦아 장애가 고요하지 아니함이 없으며 진리가 비추지 아니함이 없어서 고요하고 비춤을 함께 유출하여 심성을 사무쳐 보는 것이다.

또 하나가 공임에 일체가 공임을 관찰하는 것은 곧 이것은 반야요

하나가 거짓임에 일체가 거짓임을 관찰하는 것은 곧 이것은 해탈이요

하나가 중도임에 일체가 중도임을 관찰하는 것은 곧 이것은 법신

說法品, 四는 겸행육도품兼行六度品, 五는 정행육도품正行六度品이니 『불교사전』을 참고하라.

357 원만 운운은 강사가 말하기를 원만한 진리는 법신이고 원인과 결과는 해탈이니 인해탈因解脫과 과해탈果解脫이 있는 것이요 분명하게 안다는 것은 반야라 하였다. 그러나 우愚는 곧 원인은 반야이고 결과는 해탈이고 분명하게 아는 것은 곧 위에 삼덕을 말하는 것이니 다만 해탈만 밝힌 때문으로 명자삼덕이라 말하는 것이다 할 것이다.

이다.
네 번째는 상사삼덕相似三德이니
말하자면 육근이 청정하여 몸이 유리와 같으며 법의 실상을 비추어 업의 매임에 매이지 않는 것이다.
다섯 번째는 분진삼덕分眞三德이니
초발심주에 여래의 한 몸[358]과 한량없는 몸을 얻어 법을 설하는 지혜와 짓는 바가 자재한 것과 같다.
여섯 번째는 구경삼덕究竟三德이니
곧 이것은 여래이니 지금 여기는 곧 분진삼덕에 해당하는 것이다.

지금에 말하기를 삼덕이 원만한 것은 부처님에게 있다고 한 것은 곧 구경삼덕이요
십주에서 개발한다고 한 것은 곧 분진삼덕이요[359]
이 가운데는 원인을 잡아 말하기에 곧 부분적으로 얻는다고 말한 것은 또한 분진삼덕이니
십주 초심으로 좇아 바로 십지에 이르기까지 다 분진삼덕이라 이름하는 까닭이다.
의지하는 바 과해라고 한 것은 곧 구경삼덕과 같다.

---

358 원문에 일신一身이란, 법신法身이다.
359 원문에 십주개발즉시분진十住開發卽是分眞이라고 한 것은 원교를 잡아 말한다면 십주로부터 십지까지 모두 다 분진삼덕分眞三德이니, 세 번째 관행삼덕과 네 번째 상사삼덕은 다 십신十信이라 하겠다. 이상은 『유망기』의 말이다.

轉依亦爾下는 二에 別會轉依니 卽唯識第十에 釋四轉依之前에 先云호대 如是菩薩이 於十地中에 勇猛修行十種勝行하야 斷十種障하고 證十眞如하야 於二轉依에 便能證得二轉依果하나니 卽菩提涅槃이라 轉依位別이 略有六種하니 一은 損力益能轉이니 謂初二位에 由習勝解와 及慚愧故로 損本識中에 染種勢力하야 益本識內에 淨種功能하나니 雖未斷障種하고 實證轉依나 而漸伏現行이 亦名爲轉이니라 二는 通達轉이니 謂通達位에 由見道力하야 通達眞如하야 斷分別의 二障麤重하고 證得一分의 眞實轉依니라 三은 修習轉이니 謂修習位에 由數修習十地行故로 漸斷俱生의 二障麤重하고 漸次證得眞實轉依니라 攝大乘中에 說通達轉은 在前六地하니 有無相觀으로 通達眞俗하야 間雜現前하야 令眞非眞으로 現不現故니라 說修習轉은 在後四地하니 純無相觀이 長時現前하야 勇猛修習하야 斷除麤重하야 多令非眞으로 不顯現故라하니라 釋曰通達眞俗者는 以有相觀으로 通俗하고 無相觀으로 達眞하니라 言令眞非眞으로 現不現者는 入無相觀하면 眞現하고 非眞不現이요 出觀하면 眞不現하고 入有相故로 非眞現하니라 言後四地니 多令非眞으로 不顯現者는 常在無相觀일새 故多不現이요 由雜煩惱하야 未名淸淨인댄 則非眞猶現일새 故有多言하니라 四果圓滿轉이니 謂究竟位에 由三大劫阿僧企耶토록 修習無邊難行勝行하야 金剛喩定이 現在前時에 永斷本來一切麤重하고 頓證佛果의 圓滿轉依하야 窮未來際토록 利樂無盡케하니라 五는 下劣轉이니 謂二乘位에 專求自利하며 厭苦欣寂하며 唯能通達生空眞如하며 斷煩惱種하며 證眞擇滅하며 無勝堪能일새 名下劣轉이라하니라 釋曰上有六義일새 故稱下劣이라 六은 廣大轉이니 謂大乘

位에 爲利生故로 趣大菩提하야 生死涅槃을 俱無欣厭하며 俱能通達
二空眞如하며 雙斷所知煩惱障種하며 頓證無上菩提涅槃하며 有勝
堪能일새 名廣大轉이니 此中意는 說廣大轉依니 捨二麤重하고 而證
得故니라 問曰何以로 不取果圓滿轉고 釋云對菩薩說일새 是以不取
라하니라 意明上皆約位가 不出後二의 大乘小乘거늘 小乘不取일새
故唯取第六거니와 今疏文中엔 但不取小乘과 及損力益能이니 益能
은 但是資糧과 加行이요 今辯地故라

전의도 또한 그러하다고 한 아래는 두 번째 전의를 따로 회석한
것이니
곧 『유식론』제십권에 네 가지 전의를 해석하기 이전에 먼저 말하기
를 이와 같이 보살이 십지 가운데 열 가지 수승한 행을 용맹스레
수행하여 열 가지 장애를 끊고 열 가지 진여를 증득하여 두 가지
전의에 곧 능히 두 가지 전의과轉依果를 증득하나니,
곧 보리와 열반이다.
전의轉依360의 지위가 차별한 것이 간략하게 여섯 가지가 있나니
첫 번째는 손력익능전損力益能361이니
말하자면 처음 두 가지 지위362에 수승한 지해와 그리고 부끄러움363을

---

360 전의轉依라고 한 것은 번뇌장을 전轉하여 열반을 의지(依)하여 나타내어
얻는 바이니 본래구족한 것이다. 또 소지장을 전하여 보리를 의지하여
생기하여 얻는 바이니 닦아 얻는 것이다.
361 원문에 力은 염세력染勢力이고, 能은 정공능淨功能이다.
362 원문에 초이위初二位라고 한 것은 자량위資糧位와 가행위加行位이다.

익힘을 인유한 까닭으로 본식 가운데 염종의 세력을 덜어 본식 안에 정종의 공능을 더하나니, 비록 장애의 종자를 끊지 않고 진실로 전의를 증득하지만 점점 현행을 절복하는 것이 또한 이름이 전轉이 되는 것이다.

두 번째는 통달전通達轉이니

말하자면 통달위에[364] 견도의 힘을 인유하여 진여를 통달하여 분별기分別起의 이장二障 추중번뇌를 끊고 일분一分의 진실전의[365]를 증득하는 것이다.

세 번째는 수습전修習轉이니

말하자면 수습위에 자주 십지행을 닦아 익힘을 인유한 까닭으로 점점 구생기俱生起의 이장 추중번뇌를 끊고 점차 진실전의를 증득하는 것이다

『섭대승론』 가운데 통달전을 말한 것은 전육지前六地에 있나니 유와 무의 모습을 관찰함으로 진제와 속제를 통달하여 사이사이에 섞이어

---

363 원문에 승해勝解란, 資糧과 加行二位中에 已悟唯識性相이 名爲勝解요 慙愧란 已發大菩提心이 名爲慙愧라. 즉 수승한 지해라고 한 것은 자량과 가행의 이위二位 가운데 이미 유식의 성상性相을 깨달은 것이 이름이 수승한 지해가 되는 것이고 부끄러움이라고 한 것은 이미 대보리심을 일으킨 것이 이름이 부끄러움이 되는 것이다. 이상은 『유식론』 註의 말이다.

364 통달전通達轉 아래 위통달위謂通達位라는 글자가 있으면 좋아 보증하였다.

365 원문에 일분진실전의一分眞實轉依라고 한 것은 일분一分이란 『유식론』 註에 진실로 이장二障을 끊고 이공二空을 증득하였지만 구생俱生번뇌가 오히려 남아 있는 까닭으로 일분一分이라 말한다 하였으니, 일분一分은 구생俱生의 일분一分이다.

앞에 나타나 진실과 비진실로 하여금 나타나게도 하고 나타나지 않게도 하는 까닭이다.

수습전을 말한 것은 후사지後四地에 있나니 순전히 무의 모습을 관찰하는 것이 장시간 앞에 나타나 용맹스레 닦아 익혀 추중번뇌를 끊고 제멸하여 다분히 비진실로 하여금 나타나지 않게 하는 까닭이다 하였다.

해석하여 말하면 진제와 속제를 통달한다고 한 것은 유의 모습을 관찰함으로써 속제를 통달하고 무의 모습을 관찰함으로써 진제를 통달하는 것이다.

진실과 비진실로 하여금 나타나게도 하고 나타나지 않게도 한다고 말한 것은 무의 모습을 관찰함에 들어간다면 진실은 나타나고 비진실은 나타나지 않는 것이요

관찰함에서 나온다면 진실은 나타나지 않고 유의 모습에 들어가는 까닭으로 비진실은 나타나는 것이다.

후사지에 있나니 다분히 비진실로 하여금 나타나지 않게 한다고 말한 것은 항상 무의 모습을 관찰함에 있기에 그런 까닭으로 다분히 나타나지 않게 하는 것이요

번뇌에 뒤섞임을 인유하여 청정하다 이름할 수 없다면 곧 비진실로 하여금 오히려 나타나게 하기에 그런 까닭으로 다분히(多)라는 말이 있는 것이다.

네 번째는 과원만전果圓滿轉이니

말하자면 구경위에서 삼대 아승지겁토록 끝없이 행하기 어려운 수승한 행을 닦아 익힘을 인유하여 금강유정[366]이 앞에 나타날 때에

본래 일체 추중번뇌를 영원히 끊고 불과의 원만한 전의를 한꺼번에 증득[367]하여 미래제가 다하도록 끝없이 이익케 하고 즐겁게 하는 것이다.

다섯 번째는 하열전下劣轉이니

말하자면 이승위二乘位에서 오로지 자리만을 구하며, 고통을 싫어하고 적멸을 좋아하며, 오직 능히 생공진여生空眞如만 통달하며, 번뇌의 종자를 끊으며, 진실한 택멸을 증득하며, 수승하게 감당하는 능력이 없기에 하열전이라 이름한다 하였다.

해석하여 말하면 위에 여섯 가지 뜻[368]이 있기에 그런 까닭으로 하열하다 이름하는 것이다.

여섯 번째는 광대전廣大轉이니

말하자면 대승위大乘位에서 중생을 이익케 하기 위한 까닭으로, 큰 보리에 나아가 생사와 열반을 함께 좋아하거나 싫어함이 없으며, 함께 능히 이공의 진여를 통달하며, 소지장과 번뇌장의 종자를 함께 끊으며, 더 이상 없는 보리와 열반을 한꺼번에 증득하며, 수승하게 감당하는 능력이 있기에 광대전이라 이름하는 것이니

---

366 금강정金剛定이라고 한 것은 등각等覺 가운데 보광명등십대삼매普光明等十大三昧가 이름이 금강정金剛定이다.

367 원문에 돈증頓證이라고 한 것은 修因多劫이나 果行刹那故로 云頓證이라. 즉 수행한 인연은 다겁이지만 과보의 행은 찰나인 까닭으로 한꺼번에 증득한다 말한 것이다.

368 원문에 육의六義란, 두 줄 앞 제오 하열전에 전구專求 이하 여섯 구절이 그것이다. 혹은 육의六義는 제육의第六義인 광대전의廣大轉依라고 말한 고인도 있다. 따라서 여기서 上이란 第五의 上인 第六인 것이다.

이 가운데 뜻[369]은 광대전의를 설한 것이니 두 가지 추중번뇌를 버리고 증득하는 까닭이다.
물어 말하기를 무슨 까닭으로 과원만전을 취하지 않는가.
해석하여 말하기를 보살을 상대하여 설하기에 이런 까닭으로 취하지 않는다 하였다.
그 뜻은 위에 지위[370]를 잡은 것이 뒤에 두 가지[371]인 대승과 소승을 벗어나지 않거늘 소승은 취하지 않기에 그런 까닭으로 오직 제 여섯 번째 대승만 취함을 밝혔거니와, 지금 소문 가운데는 다만 제 다섯 번째 소승과 그리고 첫 번째 손력익능전을 취하지 않나니 익능益能이라고 한 것은 다만 이 자량과 가행일 뿐이요 지금에는 십지를 분별하는 까닭이라는 것이다.

疏

此不同相은 由得前同하야 成斯不同하고 能顯前同하야 令離障淸淨케하나니 無別不同이 如融金成像에 像非金外하니라 論中에 結後五句云호대 如是觀智하며 如是斷煩惱하며 如是觀如하야 觀如하며 如是依止하야 依止하며 如是解脫하야 得解脫이라하니라 後三을 皆重言者는 皆上牒前이요 下是結成이니 謂如是觀하야 而觀等

---

369 원문에 차중의此中意란, 저 『유식론唯識論』 제10권에서 십지十地 중 소득所得을 가리킨 것이다.
370 원문에 위位란, 육위六位이다.
371 원문에 후이위後二位란, 第五에 이승二乘(小乘)과 第六에 대승大乘이다.

也니라 偏此後三이 有重牒者는 以前文에 後三은 對妄顯眞일새 故須牒眞하야 就以結之니라

이 부동상不同相[372]은 앞에 동상同相을 얻음을 인유하여 이 부동상을 이루고 능히 앞에 동상을 나타내어 하여금 장애를 떠나 청정케 하는 것이니,
따로 부동상이 없는 것이 마치 금을 융합하여 형상을 이룸에 형상이 금 밖에 따로 있지 않는 것과 같다.
『십지론』 가운데 뒤에 다섯 구절[373]을 맺어 말하기를 이와 같이 지혜를 관찰하며, 이와 같이 번뇌를 끊으며, 이와 같이 진여를 관찰하여 진여를 관찰하며,[374] 이와 같이 의지하여 의지하며, 이와 같이 해탈하여 해탈을 얻는다 하였다.
뒤에 세 가지를 다 거듭 말한 것은 다 위에 말은 앞의 말을 첩석한 것이요 아래 말은 맺어서 성립한 것이니
말하자면 이와 같이 관찰하여 관찰한다는 등이다.
치우쳐 이 뒤에 세 가지가 중첩하는 말이 있는 것은 앞의 소문에 뒤에 세 가지는 허망한 것을 상대하여 진실한 것을 나타내기에[375] 그런 까닭으로 반드시 진실을 첩석하여 나아가 맺는 것이다.

---

372 부동상不同相이라고 한 것은 동상同相과 더불어 『십지론十地論』의 말이다.
373 원문에 후오구後五句라고 한 것은 여시如是가 다섯 번이다.
374 원문에 관여관여觀如觀如라고 한 것은 본론本論엔 관관觀觀이라 하여 여시관관如是觀觀이라 하였다.
375 원문에 이전문후삼以前文後三은 대망현진對妄顯眞이라고 한 것은 초문鈔文에 있다.

鈔

此不同相下는 第二에 總結會通이니 於中二니 先은 結會同義라 應有問云호대 若解脫如空인댄 則本來無礙니 何異同相이리요할새 故爲此會하니라 同은 約體空이요 此는 約契空이니 悟本無縛이 名眞解脫이라 故云호대 由得前同하야 成斯不同이라하니 彼能成斯하고 斯能顯彼하야 能所不一이니라 論中已下는 二에 結不同이니 但結五句者는 解脫是總이요 於諸趣는 是脫處일새 故不結之니라 謂如是觀等者는 謂應如是契實而觀하고 莫作餘不契之觀이니라 而云等者는 等取依止와 解脫이니 謂應如是依止於常하고 莫依無常하며 應如是雙離二障과 解脫하고 莫同聲聞이니라 後三對妄顯眞者는 一에 般若云호대 不同聲聞의 依聲而悟라하며 二에 法身云호대 非如無常意識智가 依止無常因緣이라하며 三에 解脫云호대 不同聲聞의 猶有智障이라할새 故牒於眞하야 以結此三이니 令依於眞하고 不依於妄故니라 亦可後三은 卽涅槃故며 前二는 不離三故니라 已如上說하니라 論中此後에 會六相云호대 如是說已에 於中自體空은 是總이요 三種智空은 是別이라하니 釋曰此會同相이요 論又云호대 解脫是總이요 五種解脫是別이라하니 釋曰此는 會不同相也니라 但會總別이니 同異成壞는 略可知故니라

이 부동상이라고 한 아래는 세 번째 모두 맺어 회통한 것이니 그 가운데 두 가지가 있나니
먼저는 동상의 뜻을 맺어[376] 회통한 것이다.

응당 어떤 사람이 물어 말하기를 만약 해탈이 허공과 같다고 한다면 곧 본래로 걸림이 없는 것이니 어찌 동상과 다르겠는가 하기에 그런 까닭으로 여기에 회통한 것이다.
동상이라고 한 것은 자체가 공함을 잡은 것이요
여기에 부동상이라고 한 것은 이것은 공에 계합함을 잡은 것이니 본래 속박이 없음을 깨닫는 것이 이름이 진실한 해탈이다.
그런 까닭으로 말하기를 앞에 동상을 얻음을 인유하여 이 부동상을 이룬다[377] 하였으니
저 동상이 능히 이 부동상을 이루고 이 부동상이 능히 저 동상을 나타내어 능소가 하나가 아니다.[378]
『십지론』 가운데라고 한 이하는 두 번째 부동상을 맺는 것이니 다만 다섯 구절만 맺은 것은 해탈은 이 총總이요,
제취諸趣는 처소를 벗어났기에 그런 까닭으로 맺지 않는 것이다.

이와 같이 관찰한다고 말한 등은 말하자면 응당 이와 같이 진실에 계합하여 관찰하고 나머지 계합하지 아니함을 지어 관찰하지는 말아야 할 것이다.

---

376 원문 동의同義라고 한 아래 다른 본에는 후론중하後論中下는 단결부동但結不同 이라는 말이 있기도 하다.
377 원문에 성사부동成斯不同이라고 한 아래 능현전동能顯前同 네 글자(四字)가 있다고도 하나 없다 해도 무방하다 하겠다.
378 원문에 능소불일能所不一이라고 한 것은 동상同相과 부동상不同相이 서로 능소能所가 된다는 것이다.

등等이라고 말한 것은 의지와 해탈을 등취한 것이니
말하자면 응당 이와 같이 영원한 것을 의지하고 무상한 것을 의지하지 말며, 응당 이와 같이 이장二障과 해탈을 함께 떠나고 성문과 같게 하지 말 것³⁷⁹이다.

뒤에 세 가지는 허망한 것을 상대하여 진실한 것을 나타낸다고 한 것은 첫 번째 반야에 말하기를 성문이³⁸⁰ 소리를 의지하여 깨닫는 것과는 같지 않다 하였으며
두 번째 법신에 말하기를 무상한³⁸¹ 의식의 지혜가 무상한 의식의 인연을 의지하는 것과는 같지 않다 하였으며
세 번째 해탈에 말하기를 성문이³⁸² 오히려 지장이 있는 것과는 같지 않다 하였기에 그런 까닭으로 진실을 첩석하여 이 세 가지³⁸³를 맺은 것이니 하여금 진실함을 의지하고 허망함을 의지하지 않게 하는 까닭이다.
또한 가히 뒤에 세 가지는 곧 열반인 까닭이며
앞에 두 가지³⁸⁴는 세 가지³⁸⁵를 떠나지 않는 까닭이다.

---

379 원문에 막동성문莫同聲聞이라고 한 것은 성문은 장애를 떠나 따로 해탈을 구하기에 하는 말이다.
380 반야에 말하기를 성문 운운은 영인본 화엄 9책, p.351, 末行이다.
381 법신에 말하기를 무상한 운운은 영인본 화엄 9책, p.353, 9행이다.
382 해탈에 말하기를 성문이 운운은 영인본 화엄 9책, p.366, 8행이다.
383 원문에 차삼此三이란, 법신法身, 반야般若, 해탈解脫이다.
384 원문에 전이前二란, 등이제等二際, 단번뇌斷煩惱이다.
385 세 가지란, 법신法身, 반야般若, 해탈解脫이다.

이미 위에서 설한[386] 것과 같다.

『십지론』 가운데 이 뒤에 육상六相을 회석하여 말하기를 이와 같이 설한 이후에 그 가운데 자체가 공한 것은[387] 이 총상이요 세 가지 지혜가 공한[388] 것은 이 별상이다 하였으니

해석하여 말하면 이것은 동상을 회석한 것이요

『십지론』에 또 말하기를 해탈은 이 총상이요 다섯 가지 해탈은 이 별상이다 하였으니

해석하여 말하면 이것은 부동상을 회석[389]한 것이다.

다만 총상과 별상만 회석하였으니 동상과 이상과 성상과 괴상은 생략한 줄 가히 알 수가 있는 까닭이다.

---

386 원문에 상설上說이란, 영인본 화엄 9책, p.330, 6행이다.

387 자체가 공한 것이라고 한 것은 영인본 화엄 9책, p.313 이 경의 게송에는 자성본공적自性本空寂이라 하고 『십지경론』에는 자체본래공自體本來空이라 하였다.

388 원문에 삼종지공三種智空이란, 영인본 화엄 9책, p.317에 삼종공三種空이니 一은 이방섭離傍攝, 二는 이이섭離異攝, 三은 이진멸섭離盡滅攝이다.

389 원문 會 자 아래 同 자는 연자衍字이다.

> 經

寂滅佛所行이니 言說莫能及이며
地行亦如是하야 難說難可受니다

적멸[390]은 부처님이 행하신 바이니
언설로 능히 미칠 수 없으며
십지의 행[391]도 또한 이와 같아서
설하기도 어렵고 가히 받아가지기도 어렵습니다.

> 疏

第二에 一偈는 類地行微라 於中上半은 牒前地智의 離言하야 以 爲能類하고 下半은 正擧地行하야 以爲所類하니라

제 두 번째 한 게송은 십지행의 미묘함을 비류한 것이다.
그 가운데 위에 반 게송은 앞에 십지의 지혜가 말을 떠난 것을 첩석하여 능류能類를 삼고 아래 반 게송은 바로 십지의 행을 들어 소류所類를 삼은 것이다.

---

390 적멸寂滅이란, 근본지根本智이다.
391 원문에 지행地行이란, 가행지加行智와 후득지後得智이다.

鈔

第二에 一偈等者는 然이라 遠公復云호대 後之三偈는 以佛果法으로 類顯地實이라하니 意云호대 前二涅槃은 是佛所行일새 故難言說이니라 類於地實도 亦難說聞이라하니 雖有此理나 前之四偈에 曾不說於佛果之相하고 但指涅槃하야 菩薩得者는 是佛所行之涅槃故니라 故今疏云호대 以上地智로 類顯地行이 爲甚微妙라하니라 故論釋行云호대 謂是檀等이라하니 非地實故니라

제 두 번째 한 게송이라고 한 등은 그러나 혜원법사가 다시 말하기를[392] 뒤에 세 게송은 부처님의 과법으로써 십지의 진실을 비류하여 나타낸 것이다 하였으니

그 뜻에 말하기를 앞에 두 가지 열반[393]은 이 부처님이 행하신 바이기에 그런 까닭으로 말하기 어려운 것이다.

십지의 진실을 비류한다는 것도 또한 설하기 어렵고 듣기 어렵다 하였으니

비록 이 이치가 있지만 앞의 네 게송에 일찍이 불과佛果의[394] 모습을

---

392 원문에 원공부운遠公復云이라고 한 것은 위의 출자권出字卷 初丈下 6행(영인본 화엄 9책, p.300, 6행)에 말하기를 후유삼게後有三偈 운운한 까닭으로 저 말을 상대하여 부운復云이라 한 것이다.

393 원문에 전이열반前二涅槃이라고 한 것은 초이구初二句는 동상同相이니 성정열반性淨涅槃이고, 후육구後六句는 부동상不同相이니 방편정열반方便淨涅槃이다.

394 불과佛果 운운은 영인본 화엄 9책, p.300, 3행에 이것은 십지의 지혜가

설하지 않고 다만 열반만을 가리켜³⁹⁵ 보살로 얻게 한 것은 이것은 부처님이 행하신 바 열반인 까닭이다.
그런 까닭으로 지금 소문에 말하기를³⁹⁶ 위에 십지의 지혜로써 십지의 행이 깊고 미묘함을 비류하여 나타낸 것이다 하였다.
그런 까닭으로 『십지론』에 동행³⁹⁷을 해석하여 말하기를 말하자면 이 보시 등(檀等) 모든 바라밀이다 하였으니
십지의 진실이 아닌 까닭이다.

疏

初中에 謂彼前地智에 顯二涅槃은 皆言不及이니 寂卽同相이니 性淨涅槃이 自性寂故요 滅卽不同相이니 方便淨涅槃이 要智緣滅이요 非約性滅故니 此二涅槃은 是佛所行일새 故言不及이라하니 行者證也니라 言不及者는 說聽皆難也니라 何不直說無言하고 而云言所不及고 若一向無言인댄 何由悟解리요 令尋言求理하야

미묘함을 나타낸 것이고 따로 불과를 밝힌 것이 아니다 하였다.
395 다만 열반만을 가리켜 운운은 적멸寂滅이라는 두 글자는 곧 앞의 네 게송에 보살이 얻은 바이지만 그러나 부처님이 행하신 바라고 말한 것은 곧 이것은 다만 보살이 얻은 바 열반이지만 그러나 이것은 부처님이 행하신 열반일 뿐임을 가리키는 것이다.
396 원문에 금소今疏 운운은 지금 소문에 上半 云云과 下半 云云을 뜻으로 인용한 것이다.
397 『십지론十地論』에 동행同行이라고 한 것은 謂檀等諸波羅密이라하니 즉 말하자면 보시바라밀 등 모든 바라밀이다 하였다.

而知理圓言偏일새 故但云不及이라하니라

처음 가운데 말하자면 저 앞에 십지의 지혜에 두 가지 열반을 나타낸 것은 다 언설로 미칠 수 없는 것이니
적寂은 곧 동상이니 성정열반이 자성이 고요한 까닭이요
멸滅은 곧 부동상이니 방편정열반이 요망하는 지혜가 인연으로 사라지는[398] 것이고 자성이 사라짐을 잡은 것은 아닌 까닭이니 이 두 가지 열반은 이 부처님이 행하신 바이기에 그런 까닭으로 언설로 미칠 수 없다 하였으니
수행하는 사람은 증득해야 할 것이다.
언설로 미칠 수 없다고 한 것은 설하고 듣는 것이 다 어려운 것이다. 어찌하여 말이 없다고 직설하지 않고 언설로 미칠 수 없는 바라고만 말하는가.
만약 한결같이 말이 없다고만 한다면 어찌 깨달음을 인유하겠는가. 하여금 말을 찾아 진리를 구하여 진리는 원만하고 말은 치우친 줄 알게 하기에 그런 까닭으로 다만 언설로 미칠 수 없는 바라고만 말하였을 뿐이다 하였다.

---

398 원문에 요지연멸要智緣滅이라고 한 것은 그 뜻에 열반의 자체는 곧 능히 본래 적멸하여 저 지혜가 인연을 기다린 연후에 바야흐로 시끄럽고 동요함을 떠나는 것이 아니라는 것이다.

疏

下半所類者는 謂非唯證智가 如是深玄이라 而令智眷屬行으로 亦難說受케하니라 論云호대 地者는 境界觀이요 行者는 智眷屬이요 智眷屬者는 謂同行이요 同行者는 謂檀等諸波羅蜜이라하니 言境界觀者는 如爲境界요 照達名觀이니 此卽加行이라 設地是地體나 意在擧地取行일새 故云地行이라하니라 將此地智하야 修行檀等일새 故名同行이니 同彼事而行故니라 斯卽後得으로 爲證智眷屬也니라

아래 반 게송은 소류라고 한 것은 말하자면 오직 증득한 지혜만이 이와 같이 깊고 현묘할 뿐만 아니라 지혜의 권속행으로 하여금 또한 설하기도 어렵고 받아가지기도 어렵게 하는 것이다.
『십지론』에 말하기를[399] 십지라고 한 것은 경계를 관찰하는 것이요
행이라고 한 것은 지혜의 권속이요
지혜의 권속이라고 한 것은 동행을 말하는 것이요
동행이라고 한 것은 보시 등 모든 바라밀을 말하는 것이다 하였으니
경계를 관찰한다고 말한 것은 진여가 경계가 되는 것이요
비추어 요달하는 것이 이름이 관찰하는 것이 되는 것이니
이것은 가행지이다.
설사 십지는 이 십지의 자체이지만 그 뜻은 십지를 들어 행을 취함에

---

[399] 원문에 논운論云이라고 한 아래는 영인본 화엄 9책, p.302, 1행 이하를 참조할 것이다.

있기에 그런 까닭으로 말하기를 십지의 행이다 하였다.
이 십지의 지혜를 가져 보시바라밀 등을 수행하기에 그런 까닭으로 동행이다 이름하는 것이니
저 육바라밀의 사실과 같이 행하는 까닭이다.
이것은 곧 후득지로 증득한 지혜의 권속을 삼는 것이다.

鈔

設地是體下는 揀濫也라 正揀遠公所類인 是其地實이니 以前論에 言地者는 境界觀이라하야 疏가 作加行觀釋일새 故今縱之云호대 設令地는 是地實이요 境界觀은 非是加行이나 是地實者는 意取地實所起之行이요 非取地實이니 故論云호대 行謂同行이라하니라 以其地實은 卽是證智니 同彼檀等의 差別行故니라 明知取行耳니라

설사 십지는 이 십지의 자체이지만이라고 한 아래는 혼란함을 가린 것이다.
혜원법사가 비류한 바인 이[400] 불과법은 그 십지의 진실[401]이라고 한 것을 바로 가린 것이니
앞의 『십지론』에서 십지라고 한 것은 경계를 관찰하는 것이다 말하

---

400 원문에 시기是其라 한 是는 불과법을 말하는 것이다.
401 비류한 바인 운운은 영인본 화엄 9책, p.375, 2행에 以佛果法으로 類顯地實이라하니, 즉 부처님의 과법으로써 십지의 진실을 비류하여 나타낸 것이다 하였다.

여 소가가[402] 가행관을 지어 해석하였기에 그런 까닭으로 지금에 그것을 종縱으로 말하기를 설령 십지는 이 십지의 진실이요 경계를 관찰하는 것은 이 가행加行이 아니지만, 이 십지의 진실이라고 한 것은 그 뜻이 십지의 진실로 생기한 바 행을 취하는 것이요 십지의 진실을 취하는 것이 아니니

그런 까닭으로 『십지론』에 말하기를 행이라고 한 것은 동행을 말하는 것이다 하였다.

그 십지의 진실이라고 한 것은 곧 이것은 증득한 지혜이니
저 보시 등 차별행과 같은 까닭이다.
분명히 알아라. 행을 취한 것일 뿐이다.

---

402 원문에 왕소往疏라고 한 往 자는 연자衍字이다.

經

智起佛境界하나니 非念離心道하며
非蘊界處門이며 智知意不及하니다

지혜로 부처님의 경계를 생기하나니
생각할 바도 아니고 마음의 길도 떠났으며
오온과 십팔계와 십이처의 문도 아니며
지혜로만 알 수 있고 뜻으로는 미칠 수 없습니다.

疏

第三에 一偈는 寄對彰微者는 對聞思等하야 以顯微故니라

제 세 번째 한 게송은 상대를 의지하여 미묘함을 밝힌다고 한 것은 문·사·수 등을 상대하여⁴⁰³ 미묘함을 나타내는 까닭이다.

---

403 원문에 대문사등對聞思等이라고 한 것은 지금에 경문을 의거하면 곧 수사修思라는 문장은 없으나 그러나 이미 문혜와 사혜와 보생식報生識이 있었다면 곧 수혜는 그 가운데 있는 것이요, 오온과 십이처와 십팔계의 문門이라고 한 것은 소속되는 바가 없는 것 같으나 그러나 이것은 모두 삼혜三慧와 그리고 보생식 등의 의지하는 바가 되나니, 저 오온과 십이처와 십팔계를 의지하여 문혜 등을 생기하는 까닭이다.

鈔

寄對彰微者는 文中二니 先은 總顯意니 取對는 即聞等三慧요 等取報生識也니라

상대를 의지하여 미묘함을 밝힌다고 한 것은 소문에 두 가지가 있나니
먼저는 그 미묘한 뜻을 한꺼번에 나타낸 것이니
상대를 취[404]한 것은 곧 문문 등 세 가지 지혜[405]이고 보생식報生識도 등취하였다.

疏

初句는 擧法體라 智는 是所起地智니 即前五偈에 所明根本之智요 起者는 即加行과 後得이니 二皆觀如니라 如는 即佛境이니 並爲能起니라 故論云호대 以何觀하고 以何同行하야 能起此智고하니 此即前偈니라 何觀者는 前境界觀이요 何同行者는 前檀等行이라 皆言何者는 隨何觀行이니 是非一之言이라 以加行은 隨地不同하며 後得은 緣境各別故니라

---

404 원문에 取 자는 혹 所 자로 보기도 한다. 즉 소대所對라는 것이다.
405 곧 문문 등 세 가지 지혜라고 한 등은 영인본 화엄 9책, p.302, 4행에 이 게송은 사혜思慧와 그리고 보생식지를 시현한 것이다 하였다.

처음 구절은 법의 자체를 거론한 것이다.
지혜라고 한 것은 이것은 생기하는 바 십지의 지혜이니
곧 앞의 다섯 게송에서 밝힌 바 근본지요
생기한다고 한 것은 곧 가행지와 후득지이니
두 가지가 다 진여를 관찰하는 것이다.
진여는 곧 부처님의 경계이니 모두 능기能起가 되는 것이다.
그런 까닭으로 『십지론』에 말하기를[406] 무엇으로써 관찰하고 무엇으로써 동행하여 능히 이 지혜를 생기하는가 하였으니
이것은 곧 앞의 게송이다.
무엇으로써 관찰한다고 한 것은 앞에 경계를 관찰한다 한 것이요
무엇으로써 동행한다고 한 것은 앞에 보시 등 모든 행이라 한 것이다.
다 무엇이라고 말한 것은 어떤 관행觀行을 따르는 것이니
이것은 하나가 아니라[407]는 말이다.
가행지는 지위를 따라 같지 아니하며
후득지는 경계를 따라 각각 다른 까닭이다.

鈔

初句下는 隨文牒釋이라 四句를 三節하리니 中二合故라 初句有三하니 一은 取意正釋이라 言起卽加行後得者는 此二가 爲能起요 其智一字는 卽是所起니라 二皆觀如는 如亦能起일새 故云並爲能起라하니

---

406 원문에 논운論云 이하는 영인본 화엄 9책, p.302, 2행에 선출先出하였다.
407 원문에 비일非一이라고 한 것은 행행이 하나가 아니라는 것이다.

라 故論云下는 二에 以論으로 釋前加行과 後得之言이니 何觀은 是加行이요 何同行은 是後得이라 此卽前偈下는 三에 疏釋論文이라 然論但牒標云호대 以何觀等이라하고 而無別釋거늘 今疏가 卽指偈之論하야 釋觀及同行하니라 從皆言何下는 正釋相이니 卽隨地加行等이 起證智故니라 其論此智字는 前疏已釋하니라

처음 구절이라고 한 아래는 경문을 따라 첩석한 것이다.
네 구절을 삼절로 하리니 그 가운데 두 구절을 합한 까닭이다.
처음 구절에 세 가지가 있나니
첫 번째는 뜻을 취하여 바로 해석한 것이다.

생기한다고 한 것은 곧 가행지와 후득지라고 말한 것은 이 두 가지 지혜가 능기가 되는 것이요
그 지혜(智)라고 한 한 글자는 곧 소기인 것이다.
두 가지가 다 진여를 관찰하는 것이라고 한 것은 진여도 또한 능기이기에 그런 까닭으로 말하기를 모두 능기가 되는 것이다 하였다.
그런 까닭으로 『십지론』에 말하였다고 한 아래는 두 번째 『십지론』으로써 앞에 가행지와 후득지라는 말을 해석한 것이니
무엇으로써 관찰한다고 한 것은 이것은 가행지요
무엇으로써 동행한다고 한 것은 이것은 후득지이다.
이것은 곧 앞의 게송이다고 한 아래는 세 번째 소가가 『십지론』 문을 해석한 것이다.
그러나 『십지론』에는 다만 첩표[408]하여 말하기를 무엇으로써 관찰하

는 등이라 하고 따로 해석[409]한 것이 없거늘, 지금에 소가가 곧 앞의 게송에 논문을 가리켜 관찰하는 것과 그리고 동행하는 것을 해석한 것이다.
다 무엇이라고 말한 것으로 좇아 아래는 그 모습[410]을 바로 해석한 것이니
곧 지위를 따라 가행加行 등이 증득한 지혜를 생기하는 까닭이다. 그 『십지론』에 이 지혜라는 글자는 앞의 소문에서 이미 해석하였다.

疏

次二句는 明難說이라 於中初句는 非心數故로 難說이니 非念者는 非思慧境故요 離心道者는 非報生識智境故니라 報生識者는 如上違請中辨하니라 後句는 明不同三科의 有色心과 根境이니 故不可說이니라 論經云호대 非陰界入說이라하니 論釋非說云호대 離文字故라하니라 今經엔 略無說字나 門卽是說이라 故法華中에 以說爲智門하니라

다음에 두 구절은 설하기 어려운 것을 밝힌 것이다.
그 가운데 처음 구절은 마음으로 헤아릴 바가 아닌 까닭으로 설하기

---

408 원문에 첩문牒問이라 한 問은 標 자가 좋다.
409 원문에 별답別答이라 한 答은 釋 자가 좋다. 『잡화기』는 첩문牒問과 별답別答과 답상答相을 그대로 두었으나 『유망기』는 標, 釋으로 고쳤다.
410 원문에 답상答相이라 한 答 자는 衍이다.

어려운 것이니

생각할 바가 아니라고 한 것은 사혜思慧의 경계가 아닌 까닭이요 마음의 길을 떠났다고 한 것은 보생식지報生識智의 경계가 아닌 까닭이다.

보생식이라고 한 것은 위에 청함을 어긴다고 한 가운데서 분별한411 것과 같다.

뒤에 구절은 삼과三科412의 색과 심과 근根과 경境이 있는 것과는 같지 아니함을 밝힌 것이니

그런 까닭으로 가히 설할 수 없는 것이다.

『십지론경』에 말하기를 오음과 십팔계와 육입으로 설할 수 없다 하였으니

『십지론』에413 설할 수 없음을 해석하여 말하기를 문자를 떠난 까닭이다 하였다.

지금 경에는 설說 자가 생략되어 없지만 문門 자가 곧 이 설자이다. 그런 까닭으로 『법화경』 가운데 설하는 것으로써 지혜의 문門을 삼은 것이다.

---

411 원문에 상위청중변上違請中辨이라고 한 것은 영인본 화엄 9책, p.302, 4행 전후로 분별하였다.

412 삼과三科란, 오온五蘊과 십팔계十八界와 십이처十二處이다.

413 『십지론』 운운은 此智는 不爾하야 離文字故라하니 즉 이 지혜는 그렇지 않아서 문자를 떠난 까닭이다 하였다.

鈔

故法華者는 彼釋諸佛智慧의 甚深無量하야 爲證甚深하고 釋其智慧門의 難解難入하야 爲阿含甚深이니 阿含卽敎法이라 生公云호대 夫知智는 在說이라 說則爲門이니 非唯智不可解라 門亦難了니라 了門하면 則達三非리니 三非難解가 如何고하니 皆以說로 爲門也니라

그런 까닭으로 『법화경』[414]이라고 한 것은 저 『법화경』에 모든 부처님의 지혜가 깊고도 깊어 사량할 수 없음을 해석하여 증득한[415] 바의 깊고도 깊은 것을 삼고

그 지혜의 문이 알기도 어렵고 들어가기도 어려움을 해석하여 아함의 깊고도 깊은 것을 삼나니

아함은 곧 교법이다.

도생법사가 말하기를 대저 지혜를 아는 것은 설함에 있다.

설하는 것이 곧 문門이 되나니

오직 지혜만 가히 알 수 없을 뿐만 아니라 지혜의 문도 또한 알기 어렵다.

지혜의 문[416]을 요달한다면 곧 삼승이 그른 줄[417] 요달할 것이니,

---

414 『법화경法華經』 운운은 영인본 화엄 9책, p.93, 末行下에 주석하였다.
415 원문에 증證이란, 所證之智이다. 즉 증득할 바 지혜이다.
416 원문에 문門이란, 지혜문智慧門이니 일승문一乘門이다.
417 원문에 삼비三非라고 한 것은 『법화경法華經』의 뜻으로 보면 無二亦無三之義니 三乘이 非也라. 그러나 今經은 非念과 離心과 非蘊處界라. 生公이 昔日에 三乘沒是假라하니라. 즉 이승도 없고 또한 삼승도 없다는 뜻이 삼승이

삼승이 그른 줄 알기 어려운 것이 어떠한가[418] 하였으니
다[419] 설하는 것으로써 문門을 삼은 것이다.

疏

下句는 明不可聞이니 智知者는 唯證智知故요 意不及者는 如聞
取故니 卽依智不依識也니라

아래 구절은 가히 들을 수 없음을 밝힌 것이니
지혜로만 알 수 있다고 한 것은 오직 증득한 지혜로만 알 수 있는 까닭이요
뜻으로는 미칠 수 없다고 한 것은 듣는 것과 같이 취하는 까닭이니
곧 지혜만을 의지하고 식識은 의지하지 않는 것이다.

그르다는 것이다. 그러나 지금 경은 생각할 바도 아니고 / 마음의 길도 떠나고 / 오온 십이처 십팔계도 아니라는 것이다. 도생법사가 옛날에 삼승이 이 거짓에 빠졌다 하였다.
418 원문에 여하如何 두 글자(二字)를 『잡화기雜華記』엔 衍이라 하나 본문엔 있다.
419 다라고 한 것은 이 가운데 말과 『법화경』의 말이다.

經

如空中鳥迹을 難說難可示인달하야
如是十地義를 心意不能了니다

마치 허공 가운데 새의 자취를
설하기도 어렵고 가히 현시하기도 어려운 것과 같아서
이와 같이 십지의 뜻을
마음과 뜻으로 능히 알 수 없습니다.

疏

第四에 一偈는 喻顯地微라 上半喻요 下半合이라 此中喻者는 不唯取空이니 餘處虛空으로 不爲喻故요 不唯取迹이니 砂土上迹으로 不爲喻故니 正取空中鳥迹이라

제 네 번째 한 게송은 십지의 미묘한 것을 비유로 나타낸 것이니
위에 빈 게송은 비유요
아래 반 게송은 법합이다.
이 가운데 비유는[420] 오직 허공만을 취하지 않는 것이니
나머지 처소에 허공으로 비유를 삼지 않는 까닭이요

---

420 원문에 者는 旨 자가 아닌가 한다. 영인본 화엄 9책, p.187, 3행엔 此中喻意는 不單取虛空이라하니, 즉 이 가운데 비유의 뜻은 단單 허공만을 취하지 않는다 하였다.

오직 자취만을 취하지 않는 것이니
모래흙 위에 자취로 비유를 삼지 않는 까닭이니
허공 가운데 새의 자취를 바로 취한 것이다.

鈔

第四一偈喩者는 疏文有四라 一은 揀喩體니 一同前文에 風畫之喩하
니라

제 네 번째 한 게송에 비유라고 한 것은 소문이 네 가지가 있다.
첫 번째는 비유의 자체를 헤아린 것이니
앞의 경문[421]에 바람과 그림의 비유와 동일하다.

疏

論云호대 鳥行空中에 迹處不可說이요 相亦不可見者는 總顯喩
相也라 處는 卽迹處之空이요 相은 卽空處之迹이니 不可示其長短
大小令見케하며 不可說爲有無等이니라 此中迹處之空은 以喩證
智하고 空處之迹은 以喩阿含이니 故論合云호대 如是鳥迹住處가
名句字身의 住處也라하니라

『십지론』에 말하기를 새가 공중을 날아감에 그 자취를 남긴 곳을

---

[421] 앞의 경문이란, 영인본 화엄 9책, p.187, 2행이다.

가히 말할 수 없고 그 모습도 또한 가히 볼 수 없다고 한 것은
비유의 모습을 한꺼번에 나타낸 것이다.
처소라고 한 것은 곧 자취를 남긴 곳에 허공이요
모습이라고 한 것은 곧 허공의 처소에 자취이니
가히 그 장단과 대소를 시현하여 하여금 보게 할 수 없으며,
있다 없다는 등으로 가히 설할 수 없는 것이다.
이 가운데 자취를 남긴 곳에 허공이라고 한 것은 증득한 지혜에
비유하고
허공의 처소에 자취라고 한 것은 아함에 비유한 것이니
그런 까닭으로 『십지론』에 법합하여 말하기를 이와 같이 새의 자취
가 머문 곳이 이름이 명구자신名句字身이 머문 곳이다 하였다.

ⓒ 鈔

此中迹處下는 疏釋이라 此下에 更有論云호대 何以故요 虛空處와
鳥跡相을 不可分別故니 非無虛空行跡이라하니라 今疏엔 但義合하
니 影在合中하니라

이 허공[422] 가운데 자취를 남긴 곳이라고 한 아래는 소가가 해석

---

[422] 원문에 차중此中이라는 말 위에 다른 본에는 논운하論云下는 二에 수문해석隨
文解釋이라 어중於中二니 先은 석유상釋喩相이요 後는 석합상釋合相이라
전중前中二니 先은 거론擧論이요 後에 총현유하總顯喩下는 소석疏釋이라
하였다. 그러나 여기서 차중적처하此中迹處下는 소석疏釋이라 한 것은 이
말이 뒤에 총현유總顯喩 가운데 있는 말이기 때문이다.

한[423] 것이다.

이 아래[424] 다시 『십지론』이 있어 말하기를 무슨 까닭인가. 허공의 처소와 새가 남긴 자취의 모습을 가히 분별할 수 없는 까닭이니 허공의 행적이 없지 않는 것이다 하였다.

지금 소문에는 다만 뜻으로만 합하였으니[425]

그윽이 『십지론』의 법합한 가운데 포함하여 있다.[426]

---

423 원문에 소석疏釋 등이라고 한 것은 위의 일행一行에 비유의 모습을 한꺼번에 나타내는 것이라고 한 것으로 좇아 이하가 다 이 소가가 해석한 것이어늘, 이 가운데 자취를 남긴 곳이라고 한 것에 이르러 바야흐로 소가가 해석한 것이라고 말한 것은 대개 위에 비유의 모습을 한꺼번에 나타낸 것이라고 한 등은 다만 이『십지론』을 해석한 것뿐이고, 이 가운데 자취를 남긴 곳이라고 한 이하에 이르러 바야흐로 소가가 스스로 경문을 해석한 것이다. 뜻으로 말하면 이 가운데 자취를 남긴 곳이라고 한 이상은『십지론』으로써 이 경문을 해석한 것이고, 여기는 소가가 경문을 해석한 것이라 하겠다. 그러나 『유망기』엔 차중적처此中迹處 네 글자(四字)를 총현유상總顯喩相으로 고쳐야 한다고 하였다. 고치면 통체적 해석은 되지만『잡화기』처럼 구체적 해석은 되지 않는다.

424 원문에 차하此下란, 소문에 상역가견자하相亦可見者下란 말이다.

425 원문에 금소단의합今疏但義合 등이라고 한 것은 十地論엔 無此文거늘 疏家가 但義合이라. 즉『십지론』엔 이 문장이 없거늘 소가가 다만 뜻으로 합한 것이다. 뜻으로 합한다고 말한 것은 허공으로써 증득한 지혜에 비유하고 자취로써 아함의 뜻에 비유한 것이 그윽이 저『십지론』의 합하고 연 뜻에 있나니 말하자면 법합한 가운데 이미 말하기를 새의 자취가 머무는 곳이 이름이 명구자신이 머무는 곳이라고 하였다면 곧 이것은 자취로 아함에 비유하고 허공으로 증득한 지혜의 그림자에 비유한 것이다 하였다.

426 원문에 영재합중影在合中이란, 소문疏文에 논합운論合云호대 여시조적如是鳥

疏

何以不可說고 論云호대 虛空處와 鳥迹相을 不可分別故라하니 意云호대 鳥足履沙인댄 則有迹及處이나 由履空故로 處迹難分이니 名句字身도 亦爾하야 菩薩證智로 所攝일새 故不可說聞하며 若說若聽이라도 心意로 不能了也니라 故以證攝教가 如空攝迹하야 令名句等으로 非如聲性也니 以是證智之名等故니라 上엔 明麁相非有하야 順喻不可說聞하고 後엔 明細相不無하야 以喩可證이니 論云호대 非無虛空行迹故라하니라 謂迹處之空은 異於餘空이니 喩非無地智하고 空處之迹은 異於無迹이니 喻非無名句字身이니 以有鳥行인댄 必有迹故니라 故論云호대 非無地智와 名句字身이라하니 卽雙合也니라 謂有諸聖이 親證如故니 證尚不無어든 況於言敎리요

무슨 까닭으로 가히 설할 수 없는가.
『십지론』에 말하기를 허공의 처소와 새가 남긴 자취의 모습을 가히 분별할 수 없는 까닭이다 하였으니
그 뜻에 말하기를 새의 발이 모래를 밟는다면 곧 자취와 그리고 처소가 있을 것이지만 허공을 밟음을 인유한 까닭으로 처소와 자취를 분별하기 어렵나니
명구자신名句字身도 또한 그러하여 보살의 증득한 지혜로 섭수하는

跡 운운云云이라 한 것이다.

바이기에 그런 까닭으로 가히 설할 수도 들을 수도 없으며, 혹 설하고 혹 듣는다 할지라도 마음과 뜻으로 능히 알 수 없다는 것이다. 그런 까닭으로 증득한 지혜로써 교법을 섭수하는 것이 마치 허공이 자취를 섭수하는 것과 같아서 명구 등으로 하여금 소리의 자성(聲性)과 같지 않게 하는[427] 것이니

이것은 증득한 지혜의 명구 등인 까닭이다.

위에서는 추상麤相[428]이 있지 아니함을 밝혀 가히 설할 수도 없고 들을 수도 없음에 순리대로 비유하고

뒤에는 세상細相[429]이 없지 아니함을 밝혀 가히 증득함[430]에 비유한 것이니

『십지론』에 말하기를 허공의 행적이 없지 않는 까닭[431]이다 하였다. 말하자면 자취의 처소에 허공은 나머지 허공과 다르나니 십지의 지혜가 없지 아니함에 비유하고

허공의 처소에 자취는 자취가 없는 것과 다르나니 명구자신이 없지 아니함에 비유한 것이니

새가 날아감이 있다면 반드시 자취가 있는 까닭이다.

---

427 원문에 비여성성非如聲性이라고 한 것은 소리는 색법色法을 섭수하는 까닭으로 가히 설할 수도 가히 들을 수도 있는 것이다.
428 추상麤相이란, 자취의 큰 모습이다.
429 세상細相이란, 다만 자취의 작은 모습뿐만이 아니라 또한 허공의 뜻도 있는 것이다. 그런 까닭으로 십지의 지혜와 명구자신에 함께 법합한 것이다.
430 원문에 證은 혹 說 자가 아닌가 한다.
431 원문에 故 자는 본론本論엔 없다.

그런 까닭으로 『십지론』에 말하기를 십지의 지혜와 명구자신이 없지 않는 것이다 하였으니 곧 함께 법합한 것이다.
말하자면 모든 성인이 친히 진여를 증득함이 있는 까닭이니 증득하는 것도 오히려 없지 않거든 하물며 교법을 말함이겠는가.

疏

又以空攝迹인댄 迹不可示하고 以迹攝空인댄 空亦非無니 喩以證攝敎인댄 敎不可示하고 以敎攝證인댄 證可寄言이니 喩意正爾니라

또 허공으로써 자취를 섭수한다면[432] 자취를 가히 볼 수 없고 자취로써 허공을 섭수한다면 허공도 또한 없지 않나니

---

432 원문에 우이공섭적又以空攝迹이라고 한 아래는 허공과 새의 자취가 서로 섭수함을 밝힌 것이니, 이 위에는 곧 증득한 지혜로써 교법을 섭수하는 까닭으로 교법이 있지 아니한즉 증득한 지혜가 있지 않는 것은 가히 알 수 있을 것이요, 없지 않는 가운데 교법인즉 원래 없지 않는 것이지만 증득한 지혜인즉 또한 자상自相에 나아가 없지 않는 것이고 반드시 교법을 따라 없지 않는 것은 아니다. 지금에는 곧 서로 섭수하는 까닭으로 교법은 증득한 지혜를 따라 가히 볼 수 없고 증득한 지혜는 교법을 따라 가히 볼 수 있나니, 이 위에는 곧 경중에 말하기 어려운 것을 해석하고, 지금에는 가히 보기 어려운 것을 해석한 것이다. 또 위에 바람과 그림의 비유로는 다름이 있나니, 위에서는 있지 않고 없지 않는 것을 합하여 가히 말할 수 없다 하였거니와, 지금에는 있지 않는 것은 가히 말할 수 없는 것이고 없지 않는 것은 가히 말할 수 있는 것이라 하겠다. 위에 바람과 그림의 비유는 영인본 화엄 9책, p.187, 2행 경문이다.

증득한 지혜로써 교법을 섭수한다면 교법을 가히 볼 수 없고
교법으로써 증득한 지혜를 섭수한다면 증득한 지혜도 가히 말을
의지함에 비유한 것이니
비유한 뜻이 바로 그러한 것이다.[433]

疏

若欲開鳥異迹인댄 則鳥喩言詮하고 迹喩差別地相하나니 則有三事니라 而迹處中에 以迹隨於鳥인댄 迹相非無하고 以迹隨於空인댄 迹相非有니 喩以差別로 隨於詮인댄 差別非無하고 地相으로 隨於證인댄 差別非有니라

만약 새가 자취와 다름을 전개하고자 한다면
곧 새는 언전言詮에 비유하고
자취는 차별한 십지의 모습에 비유하나니
곧 세 가지 사실[434]이 있다.
자취의 처소 가운데 자취로써 새를 따른다면[435] 자취의 모습이 없지

---

433 원문에 유의정이喩意正爾라고 한 것은 아래 비류함을 취하여 법합을 전개한 것이라고 한 것을 상대하여 바로 그렇다 한 것이니, 『십지론』의 뜻은 다만 이 허공과 새의 자취로 교법과 증득한 지혜에 비유하였으나, 그러나 이 아래는 곧 소주疏主가 『십지론』의 뜻을 미루어 삼사三事를 전개한 것이다. 아래란 영인본 화엄 9책, p.383, 4행이고, 삼사三事란 새와 허공과 새의 자취이다.
434 원문에 삼사三事라고 한 것은 鳥, 空, 迹이니 역시 새와 허공과 새의 자취이다.

않고
자취로써 허공을 따른다면 자취의 모습이 있지 않나니
차별로써 언전을 따른다면 차별이 없지 않고
십지의 모습으로써 증득한 지혜를 따른다면 차별이 있지 아니함에 비유한 것이다.

鈔

若欲開鳥下는 二에 取類展合이니 於中三이니 一은 展成三事니 加於鳥故니라

만약 새가 자취와 다름을 전개하고자 한다면이라고 한 아래는 두 번째 비류함을 취하여 법합을 전개한 것이니
그 가운데 세 가지가 있나니
첫 번째는 세 가지 사실을 전개하여 성립한 것이니
새를 더하는 까닭이다.

---

435 자취로써 새를 따른다고 한 등은 이것이 곧 뜻으로 밝힌다면 언전은 일향一向에 가히 설할 수 있고 증득한 지혜는 일향에 가히 설할 수 없는 까닭이다. 진리도 또한 언전으로써 지혜를 좇는다면 또한 가히 설할 수 없는 뜻이 있고 지혜로써 모습을 좇는다면 십지의 지혜도 또한 가히 설할 수 있는 뜻이 있다. 아래 사사四事 가운데도 또한 이것을 비례한 것이 있나니 대의大義는 앞의 바람과 그림의 비유 가운데 설한 것과 같다. 사사四事는 다음 소문의 초문에 있다.

疏

若更開迹處之空이 異太空者인댄 則迹空은 喩證智하고 太空은 喩果海하나니 迹空이 隨於迹인댄 地智可說하고 迹空이 隨太空인댄 則地智離言이니 雖通此義나 在論無文하니라 若以迹으로 喩證智인댄 如前風畫中辨하니라

만약 다시 자취의 처소에 허공이 태허공과 다름을 전개하고자 한다면 곧 자취에 허공은 증득한 지혜에 비유하고 태허공은 과해果海에 비유하나니
자취에 허공이 자취를 따른다면 십지의 지혜는 가히 설할 수 있고 자취에 허공이 태허공을 따른다면 곧 십지의 지혜는 말을 떠난 것이니
비록 이 뜻을 통석하였지만 『십지론』에는 이 문장이 없다.
만약 자취로써 증득한 지혜에 비유한다면 앞[436]의 바람과 그림의 비유 가운데 분별한 것과 같다.

鈔

若更開下는 二에 展爲四事하니 開空爲二故니라 若以跡喩證智下는 三에 例前以釋이니 亦有四義하니라 然向四者는 一은 太空喩果海하고 二에 跡處之空은 喩證智十如하고 三에 空處之跡은 喩地相하고

---

[436] 앞이란, 영인본 화엄 9책, p.187, 2행이다.

四에 鳥는 喩言敎니라 而跡을 不喩證智나 今例風畫하야 跡喩證智니 則應云호대 一에 太空은 喩果海하고 二에 跡處空은 喩十如하고 三에 空處跡은 喩證智하고 四에 鳥는 喩言敎와 地相이니 皆敎道故라하니라 言如風畫中辯者는 以上空中에 風畫例가 同今跡故니라 然彼處本論엔 但以風畫로 喩阿含하고 所依之空으로 喩證智나 然其阿含은 約言敎說이라 次下疏云호대 若將二喩하야 喩所詮者인댄 仍有兩重하니 一은 以風畫로 喩地相하고 所依空으로 喩證智요 二는 以風畫로 喩地智하고 所依空으로 喩果海라하니 今엔 取例第二意니라 然其風畫를 三遍用之하야사 方成四事니 一은 喩言敎요 二는 喩地相이요 三은 喩證智니 兼所依空하야 喩所證十如요 四에 太空은 喩果海니라 然其風畫가 離於空中風畫하야 無別風畫이 如鳥異跡故로 無處空之畫로 以喩地相하고 畫로 喩能詮이라

만약 다시 전개하고자 한다고 한 아래는 두 번째 전개함에 네 가지가 되나니
허공을 열어 두 가지를 삼은 까닭이다.
만약 자취로써 증득한 지혜에 비유한다면이라고 한 아래는 세 번째 앞의 비유에 비례하여 해석한 것이니
또한 네 가지 뜻이 있다.
그러나 향래[437]에 네 가지는 첫 번째 태허공은 과해에 비유하고, 두 번째 자취의 처소에 허공은 증득한 지혜와 열 가지 진여에 비유

---

437 원문에 동사同事라 한 同 자는 向 자의 잘못이다.

하고,

세 번째 허공의 처소에 자취는 십지의 모습에 비유하고,

네 번째 새는 언교에 비유한 것이다.

그러나 자취를 증득한 지혜에 비유하지 않았지만 지금에는 바람과 그림의 비유를 비례하여 자취를 증득한 지혜에 비유하나니

곧 응당 말하기를 첫 번째 태허공은 과해에 비유하고,

두 번째 자취의 처소에 허공은 열 가지 진여에 비유하고,

세 번째 허공의 처소에 자취는 증득한 지혜에 비유하고,

네 번째 새는 언교와 십지의 모습에 비유하나니

다 교도인 까닭이다 해야 할 것이다.

바람과 그림의 비유 가운데 분별한 것과 같다고 말한 것은 위에 허공 가운데[438] 바람과 그림으로써 비례한 것이 지금에 자취로 비례한 것과 같은 까닭이다.

그러나 저 풍화처風畫處[439]의 본론에는 다만 바람과 그림으로써 아함에 비유하고 의지하는 바 허공으로써 증득한 지혜에 비유하였지만

---

438 원문에 이상공중以上空中 운운은 上에 空中風畫로 爲證智가 今에 鳥迹으로 爲證智가 例同이라. 즉 위에 허공 가운데 바람과 그림으로 증득한 지혜를 삼는 것이 지금에 새의 자취로 증득한 지혜를 삼는 것이 그 예가 같다는 것이다.

439 저 풍화처風畫處란, 영인본 화엄 9책, p.187, 6행에 能依風畫로 以喩阿含하고 所依之空으로 以喩證智라하니라. 즉 능의能依의 바람과 그림으로 아함에 비유하고 소의所依의 허공으로 증득한 지혜에 비유한 것이다 하였다.

그러나 그 아함은 언교를 잡아 설한 것이다.

그 다음 아래에 소문[440]에 말하기를 만약 두 가지 비유를 가져 소전所詮에 비유한다면 이에 양중兩重이 있나니

첫 번째는[441] 바람과 그림으로써 십지의 모습에 비유하고 의지하는 바 허공으로써 증득한 지혜에 비유하는 것이요

두 번째는 바람과 그림으로써 십지의 지혜에 비유하고 의지하는 바 허공으로써 과해果海에 비유한다 하였으니

지금에는 제 두 번째 뜻을 취하여 비례한 것이다.

그러나 그 바람과 그림의 비유를[442] 세 번 두루 사용하여야 바야흐로 네 가지 사실을 이루나니

첫 번째는 언교에 비유한 것이요

두 번째는 십지의 모습에 비유한 것이요

세 번째는 증득한 지혜에 비유한 것이니

의지하는 바 허공을 겸하여 증득한 바 열 가지 진여에 비유한 것이요

네 번째 태허공은 과해에 비유한 것이다.

그러나 그 바람과 그림이 허공 가운데 바람과 그림을 떠나서[443]

---

440 원문에 차하소次下疏란, 영인본 화엄 9책, p.192, 4행이다.
441 원문에 일이풍화一以風畫 이하는 의인意引이다.
442 원문에 연기풍화然其風畫라고 한 아래는 바람과 그림의 비유가 사사四事를 이루는 까닭을 밝힌 것이다.
443 원문에 연기풍화이어然其風畫離於라고 한 아래는 바람과 그림의 비유를 세 번 사용하는 까닭을 밝힌 것이다. 지금에는 곧 새와 더불어 자취가 다르지만 그러나 자취가 있을 때에 반드시 새가 있는 까닭으로 새와 더불어 자취를 각각 일사一事에 비유하여 사사四事를 이루거니와 위에 바람과 그림

따로 바람과 그림이 있는 것이 마치 새가 자취와 다른 것과는 같을 수 없는 까닭으로 허공의 처소에 그림으로써 십지의 모습에 비유하고 그림으로써 능전에 비유할 수는 없는[444] 것이다.

疏

以斯鳥迹之喩로 映下十地之文인댄 則寄位淺深之言과 施戒禪支之類가 一文一句가 莫不深玄거니 豈謂地前爲深하고 地上爲淺이리오 故論總結云호대 此中深故로 示義大踊悅이라하니라

이 새의 자취의 비유로 아래 십지의 경문을 비추어 본다면 곧 지위를 의지한 얕고 깊은 말과 보시, 지계, 선정의 유형이 한 문장 한 글귀가 깊고 현묘하지 아니함이 없거니 어찌하여 십지 이전으로 깊음을 삼고[445] 십지 이상으로 얕음을 삼는다 말하겠는가.

그런 까닭으로 『십지론』에 모두 맺어 말하기를 이 가운데 문의文義가 깊은[446] 까닭으로 의대義大의 용열踊悅[447]을 현시한 것이다 하였다.

의 비유는 곧 허공 가운데 바람과 그림 밖에 따로 바람과 그림이 없는 까닭으로 세 번 사용하여야 가히 사사四事에 비유할 수 있는 것이다.

444 원문에 무별無別이라 한 無 자는 이적異迹下에 번역하고, 무공無空이라 한 無 자는 능전能詮下에 번역할 것이다.

445 원문에 기위지전위심豈謂地前爲深이라고 한 것은 그윽이 천태天台를 배려하는 것이니, 지금에는 지상地上의 행포行布의 법法이 또한 증득한 지혜를 따라 얕지 않는 것이다. 지전위심地前爲深이라고 한 것은 삼현말三賢末에 선출先出하였으니 영인본 화엄 8책, p.755에 있다.

鈔

以斯鳥跡下는 結歎勝能이라

이 새의 자취라고 한 아래[448]는 수승한 공능을 맺어 찬탄한 것이다.

疏

此中鳥迹을 亦雙喻敎證의 難說難聞거니 何異請中에 風畫之喻리오 故論云호대 云何復說고하니 論答云호대 汝等은 不應如聲取義라하니라 此意云호대 上喻及法은 是顯默不說之意하고 此中喻及難說은 誡衆捨著하야 許爲宣說이니 意不同也니라 若以著心으로 隨聲取義인댄 有五過失하니 一은 不正信이니 以隨言解하며 不稱實故요 二는 退勇猛이니 不能忘相하야 趣實理故요 三者는 誑他니 以己謬解로 爲人說故요 四者는 謗佛이니 指己謬解하야

---

446 이 가운데 문의文義가 깊다고 한 것은 이 앞의 『십지론』 총명總明에 이 가운데 앞에 오게五偈는 의대義大의 용열함을 나타낸 것이니 어떤 것이 의대인가. 저 의대가 깊은 까닭이다 하였다.

447 의대義大의 용열踊悅이라고 한 것은 이 앞의 『십지론』 총명總明 가운데 대중으로 하여금 거듭 용열을 더하여 깊이 바른 믿음을 내게 하고자 하는 것이니 운운하고, 용열에 두 가지가 있나니 첫 번째는 의대의 용열이니 의대를 얻기 위한 까닭이요 두 번째는 설대說大의 용열이니 이 설대를 인하여 능히 저 의대를 얻는 까닭이다 하였다.

448 원문 下 자 아래 다른 본에는 第二라는 말이 있다.

是佛說故요 五者는 輕法이니 以淺近解로 解深旨故니 謂法如言이
라하니라 不慇重故니라 意令大衆으로 自知하야 無此五過일새 所
以酷明難說難聞거늘 今人이 以地上爲淺者는 並陷斯五失이라
故歎難說聞은 則翻斯五失하야 以成五德이니 已說深義하야 令生
正信케하니라

이 가운데 새의 자취를⁴⁴⁹ 또한 교도와 증도의 설하기도 어렵고 듣기도 어려움에 함께 비유하였거니 어찌 청하는 가운데 바람과 그림의 비유와 다르겠는가.
그런 까닭으로 『십지론』에 말하기를 어떻게 다시 설하는가 하니 『십지론』에⁴⁵⁰ 답하여 말하기를 그대 등은 응당 소리와 같이 뜻을 취하지 말라 하였다.
이 뜻에 말하기를 위⁴⁵¹에 비유와 그리고 법은 이것은 침묵하여 설하지 않는 뜻을 나타내고, 이 가운데 비유와 그리고 설하기 어려운 것은 대중이 집착함을 버리기를 경계하여 선설하기를 허락한 것이니 그 뜻이 같지 않다는⁴⁵² 것이다.

---

449 원문에 차중조적此中鳥迹이라고 한 아래는 앞의 비유와 다름을 가리는 것이다. 묻는 가운데 먼저 『십지론』의 뜻으로써 묻고, 뒤에 『십지론』 가운데 묻는 말에 답한 것을 인용한 것이다.
450 『십지론』 운운은 十地論에 何故我復說此고 汝等은 不應如聲取義라하니라. 즉 『십지론』에 무슨 까닭으로 내가 다시 이것을 설하는가. 그대 등은 응당 소리와 같이 뜻을 취하지 말라 하여 구체적으로 말하였다.
451 위란, 上에 違請也니, 즉 위에 위청이다.
452 그 뜻이 같지 않다고 한 것은 위에 비유와 법과 여기에 비유와 설하기

만약 집착하는 마음으로써 소리를 따라 뜻을 취한다면[453] 다섯 가지 허물이 있나니

첫 번째는 바른 믿음이 아닌 것이니 말을 따라 이해한다면 진실에 칭합하지 못하는 까닭이요

두 번째는 용맹에서 물러나는 것이니 능히 모습을 잊어 진실한 진리에 나아가지 못하는 까닭이요

세 번째는 다른 사람을 속이는 것이니 자기가 잘못 알고 있는 것으로 다른 사람을 위하여 설하는 까닭이요

네 번째는 부처님을 비방하는 것이니 자기가 잘못 알고 있는 것을 가리켜 이것은 부처님의 말씀이라 말하는 까닭이요

다섯 번째는 법을 가볍게 여기는 것이니 천근한 지해로써 깊은 뜻을 알려는 까닭이니

말하자면 법을 말과 같다 하여 크고 소중하게 여기지 않는 까닭이다. 그 뜻은 대중으로 하여금[454] 스스로 알게 하여 이 다섯 가지 허물이 없게 하기에 그런 까닭으로 설하기도 어렵고 듣기도 어려운 것을 지극하게[455] 밝혔거늘

지금에 사람들이[456] 십지 이상으로써 앎음을 삼는 것은 모두 이

어렵다는 뜻이 같지 않다는 것이다.
453 소리를 따라 뜻을 취한다고 한 아래는 위에 『십지론』 문에 이어지는 『십지론』 문이다. 그러나 논문에는 다섯 가지 허물의 제목만 있고 설명은 없다.
454 대중으로 운운은 十地論엔 大衆自知하야 無此五過라하니라. 즉 『십지론』에는 대중이 스스로 알아 이 다섯 가지 허물이 없다 하였다.
455 원문에 酷은 '지극히 혹' 자이다.

다섯 가지 허물에 빠지는 것이다.

그런 까닭으로 설하기도 어렵고 듣기도 어렵다고 찬탄한 것은 곧 이 다섯 가지 허물을 번복하여 다섯 가지 공덕을 이루는 것이니, 이미 깊은 뜻을[457] 설하여 하여금 바른 믿음을 내게 하는 것이다.

鈔

若以著心下는 二에 引論하야 釋取著之過라 於中四니 一은 正出五失이라 論主는 但有五名이어니와 疏中一句는 擧名이니 如一不正信은 卽是論文이요 一句는 釋論이니 如云以其隨言解하면 不稱實故니라 下四皆然하니라 於中에 通有三節하니 前二는 違行이요 次二는 違人이요 後一은 違法이라 意令下는 二에 總顯文意요 今人下는 三에 結彈異釋이니 今人者는 非對古人이요 但謂如今有人耳니라 故歎難說下는 四에 擧五失之損하야 翻成五德故니라 言五德者는 一者는 正信이요 二者는 勇猛이요 三者는 正說이요 四者는 順佛이요 五者는 重法이라

만약 집착하는 마음으로써 소리를 따라 뜻을 취한다고 한다면이라고 한 아래는 두 번째『십지론』을 인용하여 취착하는 허물을 해석한 것이다.

그 가운데 네 가지가 있나니

---

456 원문에 금인수人은 천태天台의 후학後學이다.
457 이미 깊은 뜻을 운운은 본론에는 이미 깊은 뜻을 설하였으니 다시 설대說大를 나타내어 하여금 바른 믿음을 내게 하는 것이다 하였다.

첫 번째는 다섯 가지 허물을 바로 설출한 것이다.
『십지론』 주는 다만 다섯 가지 허물의 이름만 두었거니와
소문 가운데 한 구절[458]은 이름을 거론한 것이니
첫 번째는 바른 믿음이 아니라고 한 것과 같은 것은 곧 이『십지론』 문이요
한 구절[459]은 『십지론』을 해석한 것이니
말을 따라 이해한다면 진실에 칭합하지 못하는 까닭이라 말한 것과 같다.
아래 네 가지 허물의 예도 그러하다.
그 가운데[460] 모두 삼절이 있나니
앞에 두 가지 허물은 행을 어기는 것이요
다음에 두 가지 허물은 사람을 어기는 것이요
뒤에 한 가지 허물은 법을 어기는 것이다.

그 뜻은 대중으로 하여금[461] 스스로 알게 한다고 한 아래는 두 번째 문장의 뜻을 한꺼번에 나타낸 것이요
지금에 사람들이라고 한 아래는 세 번째 다른 해석을 맺어 탄핵한

---

458 원문에 소중일구疏中一句라고 한 것은 즉 소중이구중疏中二句中에 一句라는 뜻이다. 글귀는 二句나 뜻은 一句이다.
459 여기에 一句는 二句 가운데 一句이다.
460 원문에 初 자는 於 자의 잘못이다. 於中이란 오과실중五過失中이다.
461 원문 의령意令 아래는 二에 총현문의總顯文意라는 말은 다른 경을 의지하여 보증하였다.

것이니

지금에 사람들이라고 한 것은 고인을 상대한 것이 아니고 다만 지금에 어떤 사람들을 말한 것이다.

그런 까닭으로 설하기도 어렵고 듣기도 어렵다고 찬탄한 것이라고 한 아래는 네 번째[462] 다섯 가지 허물의 손해를 들어 다섯 가지 공덕을 번복하여 성립하는 까닭이다.

다섯 가지 공덕이라고 말한 것은 첫 번째는 바른 믿음이요,

두 번째는 용맹이요,

세 번째는 바르게 설하는 것이요,

네 번째는 부처님을 따르는 것이요,

다섯 번째는 법을 소중하게 여기는 것이다.

---

462 북장北藏엔 四 자 아래 出體라는 두 글자(二字)가 더 있다. 즉 四는 出體니라 할 것이다.

청량 징관(淸凉 澄觀, 738~839)

중국 화엄종의 제4조.

절강성浙江省 월주越州 산음山陰 사람으로, 속성은 하후夏侯, 자는 대휴大休, 탑호는 묘각妙覺이다.

11세에 출가하여 계율, 삼론, 화엄, 천태, 선 등을 비롯, 내외전을 두루 수학하였다. 40세(777년) 이후 오대산 대화엄사에 머물면서 『화엄경』을 여러 차례 강설하였으며, 이를 토대로 『대방광불화엄경소』 60권, 『대방광불화엄경수소연의초』 90권을 저술하고 강의하였다. 796년에는 반야삼장의 『40권 화엄경』 번역에 참여하였고, 덕종에게 내전에서 화엄의 종지를 펼쳤다. 덕종에게 청량국사淸涼國師, 헌종에게 승통청량국사僧統淸涼國師라는 호를 받는 등 일곱 황제의 국사를 지냈다.

저서로 『화엄경주소華嚴經註疏』, 『화엄경수소연의초華嚴經隨疏演義鈔』, 『화엄경강요華嚴經綱要』, 『화엄경략의華嚴經略義』, 『법계현경法界玄鏡』, 『삼성원융관문三聖圓融觀門』 등 400여 권이 있다.

관허 수진貫虛 守眞

1971년 문성 스님을 은사로 출가, 1974년 수계, 해인사 강원과 금산사 화엄학림을 졸업하고, 운성, 운기 등 당대 강백 열 분에게 10년간 참문수학하였다.

1984년부터 수선안거 10년을 성만하고, 1993년부터 7년간 해인사 강원 강주로 학인들을 지도하였다.

대한불교조계종 교육위원, 역경위원, 교재편찬위원, 중앙종회의원, 범어사 율학승가대학원장 및 율주를 역임하였다.

현재 부산 승학산 해인정사에 주석하면서, 대한불교조계종 고시위원장, 단일계단 계단위원·교수아사리·갈마아사리, 동명대학교 석좌교수, 동명대학교 세계선센터 선원장, 국민권익위원회 자문위원 등의 소임을 맡고 있다.

청량국사화엄경소초 57 - 십지품 ④

초판 1쇄 인쇄 2025년 7월 10일 | 초판 1쇄 발행 2025년 7월 25일
청량 징관 찬술 | 관허 수진 현토역주 | 펴낸이 김시열
펴낸곳 도서출판 운주사

(02832) 서울시 성북구 동소문로 67-1 성심빌딩 3층
전화 (02) 926-8361 | 팩스 0505-115-8361

ISBN 978-89-5746-881-4　94220
ISBN 978-89-5746-592-9　(총서)　값 22,000원

http://cafe.daum.net/unjubooks 〈다음카페: 도서출판 운주사〉